마음의 여섯 얼굴

이 책에 실린 모든 사례는 진료실에서 만난 분들의 삶 속에서
끌어올린 것임을 밝힙니다. 하지만 모두 변형을 거친 것이며,
실제 개인 정보나 상황은 담겨 있지 않습니다.
또한, 이를 통해 이 분들의 삶을 폄하하려는 어떤 의도도 없었습니다.
고된 삶을 뚜벅뚜벅 걸어가시는 모든 분들께 깊은 존경을 표합니다.

마음의 여섯 얼굴

우울, 불안, 분노, 중독, 광기, 그리고 사랑에 관하여

김건종 지음

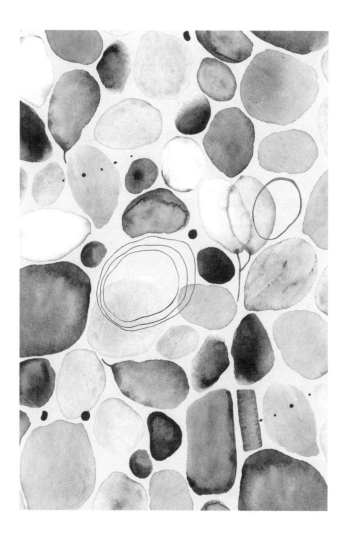

에이도스

차례

아주 두꺼운 책

나와 내 환자, 그리고 김건종 선생님. 이렇게 세 명이 같이 모여 정신분석을 하고 있었다. 김건종 선생님은 야구 그림이 그려진 니트를 입고 왔는데, 옷을 보고 웃는 나에게 '이렇게 입어도 괜찮다'고 말했다.

2015년 12월 12일에 꾼 꿈이다. 당시 정신분석을 받고 있었는데, 아침에 깨면 재빨리 꿈을 적어두곤 했다. 아마 누구나 이 꿈의 내용을 쉽게 이해할 수 있을 것이다. 하지만 무슨 의미인지도 알아차릴 수 있을까? 쉽지 않은 일이다. 앞뒤 맥락 없이 사실만 전달하는 것은 '사실' 아무것도 알려주지 않는 것이나 다름없다.

인류학자 클리퍼드 기어츠Clifford Geertz는 이른바 '두꺼운 기술thick description'의 필요성을 주장했다. 타자에게 어떤 것이 의미화되려면 반드시 그 맥락도 같이 전달되어야 한다는 것이다. 예를 들어 '죽고 싶어요'라는 호소를 들은 정신과 의사가 있다고 하자. 차트에 '자살 사고(+)'라고 쓴 후, 자신의 할 일을 다 했다고 여기면 곤란하다. 그 맥락을 알기 위해 꼬치꼬치 물어보아야 한다. 시시콜콜한 일상부터 그동안의 삶의 여정과 사건, 주변 사람과의 관계, 삼대에 걸친 가족사까지 폭넓게 기술하여야 한다. '죽고 싶다는 사실'이 과연 무엇을 의미하는지, 그 두꺼운 층위를 하나하나 벗겨내야만 비로소 '죽고 싶어요'의 진짜 의미를 이해할 수 있다. 그리고 환자가 견디고 이해할 수 있는 방식으로 그 의미에 적절할 주석을 달아 되돌려주는 것이다.

기어츠는 다음과 같은 인도 우화를 하나 이야기했다.

'세상은 어디에 있는가? 거대한 코끼리 위에 세상이 있다. 그럼 코끼리는 어디에 발을 디디고 있는가? 거대한 거북이다. 거북 아래에는? 또 다른 거북이다. 그 거북은? 또 다른….'

그동안 정신과 의사들은 다른 사람의 코끼리와 거북을 제법 잘 찾아냈다. 잊혀 있던 코끼리와 거북을 구출하여, 그 정체를 밝혔다. 그리고 그 위에 있는 세상이 왜 그렇게 '고통스럽게' 돌아가고 있는지 알려주었다. 그게 정신과 의사의 일이다.

그런데 정작 자신의 발밑에는 무엇이 있는지 알고 있을까?

그저 그런 가벼운 심리 에세이가 쏟아져 나온다. 대부분은 2015년 12월 12일의 꿈처럼 이른바 '얇게 기술된' 책이다. 도대체 지은이가 무슨 사적 맥락에서 이런 글을 쓰게 되었는지 그 전후 사정을 도무지 알기 어렵다. 어쩌다 용감하게 자신의 이야기를 꺼내는 경우도 있지만, 대개는 여기저기 자기 연민으로 덧칠하고 이상화된 자기로 위장한 채 슬쩍 글의 소재로 삼는 정도에 그친다.

『마음의 여섯 얼굴』에서 다루는 우울과 불안, 분노, 중독, 광기, 사랑의 여섯 가지 이야기는 기어츠의 말을 또 빌리자면, 짧지 않은 세월 동안 정신과 의사로 살아온 지은이가 '스스로 자아낸 의미의 거미줄webs of significance he himself has spun'이다. 유년기의 기억은, 뇌과학과 진화론으로, 그리고 음악가와 화가의 사례로, 다시 방황기의 경험과 환자의 사례로, 그러다가 가족의 이야기로 돌아온다. 이러기를 여섯 번 반복하면서 분절되어 있던 여러 생각은 어느새 종횡으로 단단하게 연결되고, 『마음의 여섯 얼굴』은 지은이가 살아온 복잡다단한 삶의 맥락 속에서 비로소 그 '아주 두꺼운' 정체를 드러낸다.

책 전반에서 마냥 쉽지만은 않은 정신분석적 개념이 출몰한다. 익숙지 않은 인물의 이야기와 생소한 예술 작품도 등장한다. 친절하고 상냥한 책을 기대했다면 좀 당황할 것이다. 하지만 걱정할 것은 없다. 사실 어려운 개념을 더 어려운 말로 풀어놓는 식으로 설명해봐야 머릿속에 물음표만 잔뜩 늘어날 뿐이다. 있는 그대로 풀어놓은 지은이 자신의 경험이 바로 '어려운' 개념에 관한 '쉬운' 설명이다. 전반적으로 다루고 있는 주제가 절대 가볍고 편안한 이야기는 아니지만, 그렇다고 정장을 입을 필요는 없다. 야구 그림이 그려진 헐렁한 니트도 괜찮다.

오라는 곳도 많고, 갈 곳도 많은 유능한 정신과 의사였지만, 어느 날 훌훌 시골로 내려가 버렸다. 그리고 작은 의원을 열고 조용히 글을 쓰거나 환자를 보며 지냈다. 다섯이 있으면 열이 있다고 부풀리는 것이 시대의 풍조이건만, 홀로 낙향하여 경개耿介하며 지내는 것이 마치 옛 선비 같은 느낌을 주어 동년배임에도 존경하는 마음이 들었다. 남이 쓴 어려운 책은 여러 권을 옮겼으면서도, 정작 본인 글은 한참을 망설이다 이제야 겨우 책으로 펴는 것도 이러한 심성을 반영한다. 독자도 책을 통해 지은이의 삶을 엿보며, 내가 경험한 것과 비슷한 위로를 얻을 것이다.

마음에 관한 교과서적 설명이라면 어디서든 어렵지

추천의 글

않게 찾을 수 있다. 책에도 있고, 인터넷에도 있다. 텍스트
에서 텍스트를 옮겨 다니는 사실의 집합이다. 물론 세상에
는 얇은 기술도 꼭, 그리고 많이 필요하다. 하지만 반쯤은
연예인에 가까운 소위 셀럽 글쟁이의 새콤달콤한 책에 질
린 독자들은 이 책에서 오랜 갈증을 풀 수 있을 것이다. 깊
은 층위의 '두꺼운' 책을 곰곰이 반추하며 읽고 싶다면, 탁
월한 임상가이자 진지한 분석가인 지은이가 오랜 세월 동
안 삶의 굴곡을 몸으로 겪으며 엮어낸 여섯 가지 두꺼운 고
백에 귀 기울여 보기 바란다.

박한선(신경인류학자·정신과 전문의)

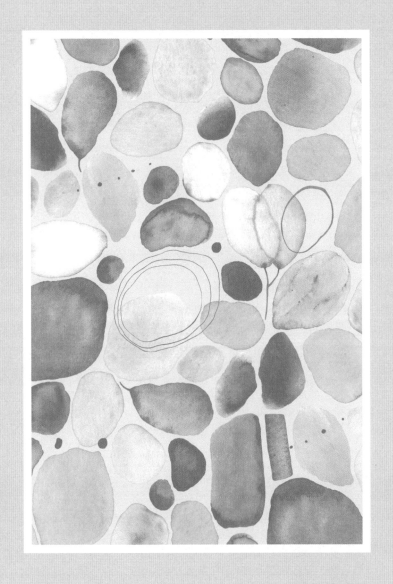

머리말

"단지 연결하라! 그녀의 설교는 그게 전부였다.
산문과 열정을 연결하라. 그러면 그 양쪽이 모두 고양되고,
인간의 사랑은 절정에 이르게 될 것이다.
다시는 조각난 삶을 살지 마라. 단지 연결하라."
—E. M. 포스터, 『하워즈 엔드』

*

1982년 갑작스러운 뇌출혈로 세상을 떠나기 1년 전, 캐나다의 피아니스트 글렌 굴드Glenn Gould는 바흐의 〈골드베르크 변주곡〉을 두 번째로 녹음했다. 그 첫 곡 〈아리아〉는 지금까지 수백 번 들어왔지만 여전히 처음 듣는 것처럼 신선하고 강렬하다.

굴드가 연주하는 오래된 스타인웨이 피아노의 단아하고 야윈 음색이 정적 속에서 솟아올랐다가 짧은 울림 뒤에 잦아들고 다시 한 번 솟아나와 멜로디를 이어나갈 때, 음악은 인간의 영역을 벗어나 가장 깊고 고요한 존재의 영역으로 진입하는 것 같다. 칠흑 같은 어둠 속에서 시간이 태어나는 소리를 듣는 것 같다.

들을 때마다 숨을 멈추게 하는 이 놀라운 마법을 이해

　　　　　　　　　　　머리말

하고 싶었고, 당연하게도 글렌 굴드라는 사람이 궁금해졌다.

굴드는 이렇게 말했다.

"예술의 목적은 일시적인 아드레날린의 분출이 아니라 일생에 걸쳐 경이와 평정의 상태를 만들어내는 것이다."

기대가 컸던 만큼, '경이와 평정의 상태'를 말하는 굴드가 평생 심한 건강염려증에 시달리면서 매일 수십 정의 알약을 삼켰고, 대인기피증이 심해 1964년 이후 공개 연주 자체를 중단했으며, 타인을 배려하고 공감하는 능력이 극도로 떨어졌고, 누굴 깊이 사랑한 적도 없다는 것을 알았을 때 충격도 컸다.

천의무봉의 저 〈아리아〉가 수십 번의 반복 녹음과 디지털 작업을 통한 절묘한 잘라 붙이기의 산물이라는 것, 내가 그토록 사랑한 피아노 음색조차 어쩌면 보정된 것일 수 있다는 이야기를 들었을 때도 마찬가지였다.

어떻게 이렇게 괴팍하고 성마른 인간에게서 저토록 아름다운 음악이 흘러나올 수 있는 것일까? 어떻게 이렇게 심오한 경지가 저토록 경박한 디지털 편집 속에서 피어날 수 있는 것일까.

충격이 지나간 후에도 오랫동안 이 괴리에 대해서 고민하지 않을 수 없었다. 한편으로는 받아들이고 싶지 않았고, 다른 한편으로는 어떻게 해서든 이해하고 싶었다. 이는 이전부터 마음을 떠돌던 삶 속 괴리들에 대한 오랜 궁금증들과 합쳐져 나의 가장 중요한 화두가 되었다.

✼

어쩌면 이러한 고민은 생각보다 더 오래된 것 같기도 하다. 내 삶의 가장 이른 기억 중 하나는 대여섯 살쯤, 마루에 앉으면 바다가 내려다보이던 고향 할머니집에서의 장면이다.

명절 때 모이면 온 식구가 안방에 나란히 누워 잠을 잤는데, 새벽에 문득 시끄러운 소리에 잠을 깼다. 작은아버지와 아버지가 큰 소리로 싸우고 있었고, 할머니와 어머니와 작은어머니 목소리도 들렸다. 격한 감정이 실린 목소리가 잦아든 후에도 오랫동안 잠든 척 가만히 누워 두근거리는 마음을 진정해야 했다.

인생 최초의 불면의 밤 동안 마음속에서 자꾸 맴돌던 생각은 누가 잘하고 잘못했느냐가 아니라, '우리는 왜 싸우느냐'였다. 내가 좋아하는 사람들이 서로 저리도 깊이 미워하고 격렬하게 싸운다는 것이 너무도 당황스럽고 불편하여, 나는 삶의 깊은 쓰라림을 미리 맛본 양 오랫동안 혼자 이상한 불안함에 시달렸다.

그 불안함은 그리고 사십 년이 지난 지금도 말끔하게 사라진 적이 없는 것 같다. 내가 사람들과 잘 싸우지 못하는 게 그 때문인지도 모르겠다. 뭐가 옳고 뭐가 그른지, 뭐가 당연하고 뭐가 이상한지 정말 잘 모르겠는 때가 많다. 시시비비를 따져야 하는 순간에는 가슴이 심하게 두근거려 차라리 그 자리를 피하고 싶고, 솔직히 내가 정말 옳은지 확신이 잘 안 선다.

사실 상태는 생각보다 더 심해서, 사회적 이슈에 대해 '객관적' 판단을 내려야 하는 순간에는 양쪽 다 일리가 있는 거 같아 어느 쪽이 옳은지 결정을 못 내리겠다. 이십 대 때 운동권 학생회와 함께 거의 매일 회의를 하고 집회를 나가던 때에도, 대의는 옳은 것 같은데, 도저히 '피의 심판'을 내리자는 노래는 따라 부를 수가 없어서, 저쪽 하는 이야기도 나름 일리가 있는 것 같아서, 잠을 못 이루며 '나는 왜 이리 나약한가' 고민하기도 했다.

정신과 의사가 되기로 마음먹었던 것도 이러한 오랜 고민과 연관되어 있었지 싶다. 병원에서 나와 환경단체의 DMZ 생태조사를 따라다니며 의사가 아닌 삶을 꿈꾸던 내게 다시 의사가 되기를 권한 건 지금의 아내이지만, 꿈에서 나를 보았다며 정신과를 해보는 게 어떻겠느냐고 삼 년 만에 메일을 보낸 정신과 동기가 아니었다면 지금 가정의학과나 신경과 의사를 하고 있을 터이다. 친구의 갑작스러운 메일을 읽고 여러 가지 생각이 들었지만, 가장 컸던 것은 어쩌면 정신과가 먹고살 수단이 되어줄 뿐 아니라 내 오래된 고민을 더 깊이 탐구하고 해결할 통로가 될 수도 있을 것 같다는 설렘이었다.

✳

정신건강의학과 수련을 받기 시작하면서 그 괴리에 대한 자각은 조금 더 선명해지고 깊어졌다. 우리가 아는 것과 우리가 느끼는 것 사이의 괴리. 인문학이 말하는 인간과 과학이 말하는 인간 사이의 괴리, 예술이 보여주는 숭고한 삶과 비루하고 빤한 일상 사이의 괴리. 뇌과학의 정교한 명료함·모호함과 정신분석학의 직관적 명료함·모호함 사이의 괴리. 치료해야 하는 병리적 증상과 받아들여야 하는 숙명적 감정 사이의 괴리. 혼자 지키고 보호해야 하는 내밀함과 이야기하고 나눠야 비로소 해소되는 고통 사이의 괴리.

강한 것과 둔한 것은 어떻게 다른지. 약한 것과 섬세한 것을 우리는 구분할 수 있는지. 과연 정상과 비정상을, 병리와 능력을 우리는 분리해낼 수 있는지.

이런 고민들을 담고 정신과 의사가 된 지 십 년이 넘었다. 그동안 남편이 되고 두 아이가 태어나 아빠가 되었다. 아이들이 하루하루 자라나는 것을 본다. 매일(사실 요새는 매일은 아니고 가끔) 책을 읽고 논문을 읽는다. 처음 몇 년간은 입원한 환자들을 그리고 이제는 진료실에 앉아 찾아오는 환자들을 만난다. 그러면서 문장과 일상과 직업 속에서 조금씩 이해하게 된 것이 있다. 알게 된 것이 있다. 내 안에서 그리고 타인에게서 느낀 것이 있다.

그렇지만 괴리는 사라지지 않는다.

＊

이 책은 그 괴리를 억지로 통합하지 않고, 그렇다고 또 방치하지도 않으면서, 야금야금 연결해 보려는 작은 시도이다. E. M. 포스터의 말대로, '단지 연결' 해보려고 했다. 통합하려고 하면 억지로 비틀거나 끼워 맞추게 된다. 하나를 납득하느라 다른 하나를 무시하게 된다. 그렇다고 가만히 두면 이론과 실제가, 일상과 사유가 만날 수 없다. 그러니 각자가 나름의 얼굴로 목소리를 내도록 허락하고, 그 울림이 연결될 때 어떤 노래(아리아)가 되는지 들어보고 싶었다.

우선, 우리가 병리이자 질환으로 알고 있는 우울, 불안, 분노, 중독, 광기의 문제에서 시작해 이 문제들이 사랑 속에서 어떻게 만나는지 연결해 보려고 노력했다. 아울러 각 주제가 지닌 복잡한 측면들을 표현하기 위해 '얼굴'이라는 표제를 붙여보았다.

모든 동물에게는 얼굴이 있다. 그리고 이 얼굴에 촉각을 제외한 대부분의 감각이 집중되어 있어 우리는 얼굴을 내밀고 세상을 향해 나아간다. 게다가 인간의 얼굴에는 아주 복잡한 근육이 존재하기 때문에 마음속 깊은 느낌들이 표정으로 표현된다. 그래서 얼굴은 참 신기하다. 표면밖에 없는데 그 손바닥(누구는 그보다 더 크지만)만 한 납작한 공간에 우리네 삶이 모두 담겨 있다. 계절이 변하고 자연이 변하는 깊은 변화가 그 작은 공간에서 다 일어난다(그 와중에 이 얼굴이 '나'라는 사실은 변하지 않는다). 우리는 얼굴로 웃고 운다. 웃으면서도 깊은 슬픔을 드러내고, 화내는 와중에 비애에 젖는다. 마침내 우리는 얼굴과 얼굴로 만나, 그 얼굴에 반하고, 사랑에 빠져든다.

마음의 여러 얼굴을 만나게 하여 연결하는 과정에서 나 자신의 사적 삶에 대해 쓰는 것을 피할 수 없었다. 자기 노출의 불안 때문에, 개인적 일화를 덧붙이는 것이 오히려 이야기의 설득력을 떨어뜨리고 독자를 불편하게 만들

머리말

수도 있을 거라는 두려움 때문에 써놓은 원고를 새로 시작할 생각을 했던 적도 있었다. 그럼에도 민망함을 무릅쓰고 '나'의 이야기를 남겨놓기로 결심한 이유는 무엇보다 나 자신의 마음과 몸을 통과(그것이 내게는 '연결'의 의미이기도 하다)하지 않은 문제들에 대해서 생각하는 능력이 내게는 없기 때문이다. 그리고 몸으로 겪어낸 경험 속에서 일어나는 감각과 감정이 생각과 관념과 만나는 현장이 바로 공부라고 믿기 때문이다.

이 책을 읽고 난 후 독자 한 분 한 분이 자신의 삶 속에서 이 책의 문장들을 다시 살아볼 수 있다면, 그래서 이 책과 다른 유일무이한 책이 마음에서 쓰일 수 있다면 글쓴이로서 그만큼 반가운 일은 없을 것 같다.

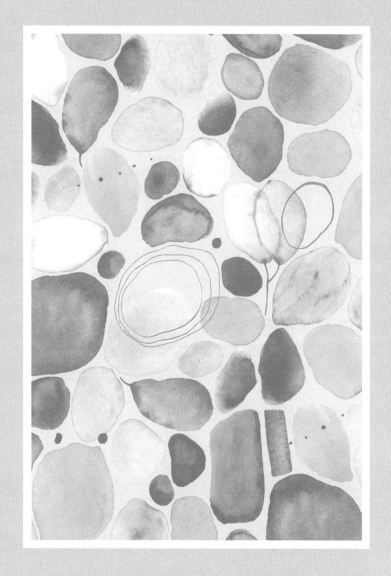

part 1

첫 번째 얼굴
우울

"슬픔에 관한 한 자신을 파멸시킬지 모르는
것이라면 무엇이든 똑바로 쳐다봐야 한다."
—조앤 디디온, 『슬픔의 위안』

＊

　진료실에서 처음 만나 차근히 이야기를 듣는다. 결국 당신은 우울증으로 충분히 진단할 수 있을 것 같다고 이야기하는 순간이 온다.

　반응은 다양하다.

　생각보다 많은 사람이 그 진단에 안심하고 위로받는다. 자기를 스스로 추스르지 못하는 사람은 의지가 약하거나 뭔가 부족한 사람이라는 우리 문화 특유의 깊은 죄책감에서 벗어날 수 있기 때문일 것이다.

　어떤 사람들은 버럭 화를 내기도 한다. 원치 않았는데 주변 사람들에 끌려온 이들, 혹은 우울증의 많은 증상들을 겪고 있으면서도 '우울하다'는 감정 경험 자체는 별로 없는 사람(흔히 남자)들이 그렇다. 이들에게 '우울하다'는 것은

　　　　　　　　　　　　　　　　　우울

'약하다'는 뜻이거나 '망가졌다'는 뜻이거나 '미쳤다'는 뜻이라서 도저히 받아들일 수 없는 것이다.

우리는 과연 타인을 우울하다 혹은 우울하지 않다고 판단할 수 있을까? 자기 자신도 잘 모르는데 말이다.

우울의 진단 기준은(다른 모든 정신질환이 그렇듯) 상당히 모호하다. 특정 기간 동안 특정 증상(우울감, 허무감, 집중력 저하, 예민함, 식욕이나 수면 리듬 변화, 체중 변화, 자살 사고 등)이 '몇 개' 이상 보인다면 '진단'되는 것인데, 이러한 '표면적' 증상들의 집합으로 한 사람의 마음을 평가하고 판단하는 것이 어떻게 가능하겠는가.

다만, 대략적인 기준과 합의가 없다면 이해와 소통이 불가능하기에 어쩔 수 없이 가상의 선을 긋는 것이다. 어쨌든 이 기준에 따르면 우리 네 명 중 한 명은 평생 한 번 이상 우울증 진단이 가능한 정도의 우울을 겪는다.

두 번의 우울 삽화

돌이켜보면 내게도 우울 삽화가 최소 두 번은 있었던 것 같다. 대학에 들어간 첫해에 가을바람이 불기 시작할 때 그랬다. 고등학교 졸업할 때까지 아침에 일어나는 게 세상에서 가장 힘들었던 내가 하루 두세 시간밖에 못 자고 새벽부터 뒤척이기 시작했다. 기숙사에서 키스 재릿^{Keith Jarrett}의 〈쾰른 콘서트〉 음반을 이어폰으로 들으며 멍하게 누워 있는 일이 잦았다. 수업에는 들어가지 않고 가방에 맥주나 소주를 한 병 넣고 학교 뒤쪽 잔디밭에 누워 훤한 대낮에 술을 홀짝홀짝 마셨다. 그러다가 수업에 들어가 짝사랑하던 아이 뒤통수를 바라보다가 수업이 끝나기 전에 빠져나왔다.

그러던 와중에 고등학교 동창이 시위 중에 길에서 죽었다. 하필 그날 우리는 동창회를 하고 있었다. 술에 취해 잠들었다가 새벽에 깨어 삐삐를 통해 연락을 받고 연세대로 갔다. 그 후 몇 달 동안 더 깊이 우울했다. 멍하게 학교 운동장에 앉아서 대낮에 맥주를 마셨다. 입맛이 너무 없어 하숙집 식탁에 앉아 하얗고 윤기가 반지르르한 쌀밥을 쳐다보며 이것을 먹는 것이 무슨 의미인가 생각하다가 숟가락을 놓고 걸어 나오기도 했다.

두 번째는 큰아들이 세상에 태어나 일주일 만에 어쩌면 뇌에 이상이 있을 수도 있다는 이야기를 들었던 전공의 4년차 때였다. 담당 의사는 걸을 수 있을지는 6개월 정도 기다려 봐야 한다고 했고 그 반년 동안 우리 부부는 아이의 작은 변화에도 가슴 두근거리며 불안해했다(물론 지금은 아주 씩씩하고 튼튼하게 자라고 있다). 기름기 있는 것

25   우울

을 먹을 수가 없었고 과일과 채소를 겨우 먹었다. 밥을 항상 반으로 덜었지만, 그조차도 다 삼키기 힘들었다. 체중이 1년 만에 12킬로그램 빠졌고 한두 시간 자고는 새벽에 깨어 혼자 책을 읽다가 아이에게 분유를 타서 먹였다.

아마 이 두 번 모두, 진료실에서 나를 만났다면 나는 약물치료를 권했을 것이다. 그렇지만 천천히 나는 거기서 빠져나왔고(나도 모르게), 희한하게도 저 깊은 혼란이 있는 동안 단 한 번도 죽음에 대해서 생각하지 않았다. 오히려, 어떻게 하면 한 시간이라도 더 이 아까운 삶을 누릴 것인가에 대해서만 생각했다(이것이 나의 몇 안 되는 장점 중 하나라고 생각한다. 그리고 내 경험 때문에 나는 싫다는 사람에게 약을 강하게 권하지 못한다).

그 깊은 우울에도 내가 생生의 쪽만을 바라보게 해준 건 무엇이었을까?

너무도 강력한

마크 로스코Mark Rothko는 생의 쪽을 보지 못했다. 작업실에서 손목을 그어 자살로 생을 마감하기 12년 전, 미국 시그램 빌딩의 포시즌스 레스토랑에 지금 우리 돈으로 25억 원에 가까운 거액의 작품비를 받고 30점의 그림을 진행하던 마크 로스코는 오랜 숙고 끝에 계약을 파기한다. 돈 많은 사람들이 비싼 스테이크를 앞에 놓고 포크를 달그락거리며 자신의 그림을 구경한다는 생각을 견디지 못했던 것이다.

젊은 시절 노랑, 주황, 빨강과 같은 원색으로 생명의 깊은 충만함을 표현하던 로스코의 캔버스는 점점 어두워졌고, 말년에는 깊은 어둠이 캔버스를 가득 메웠다.

로스코의 블랙은 너무도 깊어서, 평면이 아니라 동굴 같다. 또 가장 먼저 어두워지는 산의, 세상 것 아닌 듯한 어둠을 닮았다. 그 앞에 서 있으면 온 영혼이 그 속으로 빨려 들어 마음속에 아무것도 남지 않는 순간이 온다.

"이봐, 인생에서 내가 두려운 것이 딱 하나 있는데, 그건 언젠가 블랙이 레드를 삼켜버릴 거라는 거야."

로스코는 죽기 직전 아주 붉게 타오르는 그림을 그렸다.

소설가 존 파울즈John Fowles가 최고의 시인으로 꼽았던 미국의 여류 시인 에밀리 디킨슨Emily Dickinson은 서른 즈음부터 집안에서 흰 드레스만 입고 외부인은 아무도 만나지 않는 은둔 생활을 시작했다.

낯선 사람이 오면 이 층에 있던 자신의 방으로 도망치듯 물러났고, 때로는 친구들과도 문을 조금만 열고 그 뒤에서 이야기를 했다.

마크 로스코, 〈무제(마지막 작품)〉(1970)

은둔은 철저했다. 아이들을 좋아했지만, 바구니로 과자를 담아 창에서 줄로 내려주곤 했으며(아름다운 동화책 『에밀리』가 바로 이 모습을 그린다. 내가 사랑하는 이 책의 마지막 쪽을 펼쳐 진료실에 세워놓았다), 아버지의 장례식이 집 마당에서 치러질 때도 방 안에 있었다.

　　디킨슨의 촌철살인의 시들은 마치 하이쿠처럼 강렬한 깨달음을 전해주지만, 이는 깊고 오랜 고통에서 천천히 흘러나온 것이었다.

　　고통은
　　공백의 요소를 갖고 있다.
　　그것은 언제 시작했는지
　　또는 그것이 없었던 때가
　　있었는지 기억하지 못한다.[1]

　　지금 기준으로는 정신증적 증상을 동반하는 제1형 양극성 장애를 앓았던 버지니아 울프Virginia Woolf는 우울 삽화가 시작됨을 느꼈다. 1941년 3월 28일 울프는 "외투를 입고, 호주머니에는 돌을 채워 넣은 채, 집 근처의 우즈 강으로 걸어 들어"간다. 책상 위에 남겨놓은 유서는 이렇게 시작한다.

"다시 미칠 거라는 느낌이 확실해요. 다시는 그 끔찍한 시련을 이겨내지 못할 거라는 생각이 들어요. 그리고 이번에는 회복도 안 될 거예요. 환청이 들리기 시작해서 집중할 수가 없어요. 그래서 나는 지금 최선이라고 생각되는 길을 택하려고 해요…."[2]

극단의 기분 상태를 반복해서 경험했던 울프의 문장은 그런 경험을 해보지 못한 사람의 영혼에서는 절대로 나오지 못할 깊은 통찰과 번득임으로 가득하다.

"인생은 아주 견실한 것일까, 아니면 매우 덧없는 것일까? 이 두 가지 모순이 내 머릿속에서 떠나지 않는다. 지금까지 늘 그래왔고, 또 앞으로도 영원히 그럴 것이다. 이 두 모순은 지금 이 순간 내가 서 있는 세계의 깊은 곳까지 다 다른다. 다른 한편으로 이 두 모순은 일시적인 것이고, 곧 날아가 버릴 투명한 것이기도 하다. 나는 파도 위의 구름처럼 지나가 버릴 것이다. 비록 우리들은 변하고, 차례로 잇달아 그처럼 빠르게, 빠르게 날아가더라도, 우리네 인간은 연속적이고 계속적이어서 우리는 스스로를 통해 빛을 발하는 것인지 모른다. 그러나 빛이란 무엇인가? 나는 인생의 무상함에 너무 깊은 인상을 받아서, 종종 안녕이라는 인사를 한다."[3]

우울은 이토록 영민한 여인을 깊은 곳에서 잡아당겨

차분히 앉아 유서를 남기고, 돌을 하나하나 주워 주머니에 넣고, 침착하게 강 속으로 걸어 들어가게 만들 수 있을 만큼 강력하다.

우리는 감정에 명령할 수 없다

서구 문명에서 사람들은 수백 년 동안 이성이 감정보다 강하다고, 감정은 육체를 가졌다는 사실 때문에 생기는 어떤 부작용 혹은 부산물에 불과하다고, 그러니 이성이 바로 인간이라는 존재의 핵심이라고 믿었다(수천 번 반복되는 데카르트의 오래된 경구를 또 반복할 필요는 없을 것이다).

그러나 감정에 대한 뇌과학 연구들이 조금씩 성장하고, 학문의 중심이 인지신경과학에서 정서신경과학으로 옮겨가면서, 사람들은 감정의 강력한 '역량'(『에티카』에서 감정의 '역량'에 대해서 깊이 탐구한 스피노자는 이미 500년 전에 감정이 인간의 능력에 속한다는 것을 알고 있었다. 프로이트는 열렬한 스피노자주의자였고, 라캉Jacques Lacan 역시 연구실 벽에 스피노자의 초상을 붙여놓았다고 한다)과 핵심적 기능에 대해서 새롭게 이해하게 되었다.

결론적으로 이제 우리가 알게 된 것은 감정은 이성을 혼란시키는 마귀가 아닐뿐더러, 변덕스럽고 믿을 수 없는 육체의 부산물 역시 아니라는 것. 오히려 감정은 나 자신과 세상에 대한 깊은 직관을 가장 직접적으로 빠르게 전달해주는 전령이며, 이성적 사유 자체를 가능케 하는 기반이다.

굳이 순서를 따지자면 안 좋은 생각 때문에 우울해지는 게 아니라, 우울하기 때문에 안 좋은 생각이 드는 것이다. 해부학적으로 보아도, 우리 뇌에서 생각이 감정에 물드는 경로는 자연스럽고 풍성하나, 생각이 감정을 바꾸는 경로는 빈약하고 부실하다. 우리는 그렇게 진화해왔다.

우리가 우울하려고 마음먹어서 우울해지지 않았듯이, 우울하지 않으려고 마음먹어서 우울해지지 않을 수도 없다. 많은 사람들이 믿듯 '의지'로 우울을 억누르고 해소하고 '이겨낼' 수 없는 것이다. 아이유가 나오는 꿈을 꾸고 싶다고 해서 그럴 수 없고, 매번 소스라치며 깨어나는 악몽을 그만 꾸고 싶다고 해서 멈출 수 없듯 말이다.

"우리는 꿈에게 명령할 수 없다."

슬라보예 지젝Slavoj zizek의 말이다. 같은 맥락에서 우리는 감정에 명령할 수 없다. 외래에서 자신의 나약함을 탓하며 자책하는 이들에게 나는 그렇게 말해준다.

우울할 능력이 없는

감정에 명령할 수 있다고 믿는 사람들이 있다. 특히 우리나라 가부장 문화에서 자란 오십 대 이상의 남성들은 감정을 느끼는 것 자체를 수치스러워한다. 그래서 자기는 아무 문제 없고, 강하며 마음먹으면 다 할 수 있다고 믿는다. 의지만 있으면 다 된다고 큰소리치면서 불안해하거나 우울해하는 사람들을 경멸한다. 그러면서 직장에서 아랫사람들을 갈구고, 술 마시고 동료들과 싸움박질하고, 아내의 외도를 의심하고, 집에 들어와 자식들 무릎 꿇어 앉히고 설교하고 큰소리치고 짜증낸다.

이들은 정신분석가 오토 컨버그Otto Kernberg 말처럼 '우울할 능력이 없는' 사람들이다. 우울하기 위해서는 감정을 마음에 담을 수 있어야 하고(마음은 어떤 때 보면 꼭 그릇 같다. 사람마다 그릇의 크기가 달라서 누구는 장 담그는 항아리처럼 많이 담을 수 있지만 누구는 소주잔만 한지라 감정을 조금만 부어도 넘쳐버린다), 그 감정을 느낄 수 있어야 한다. 그런데 감정을 느끼고 받아들여 본 적이 없기에 이들은 안 좋은 감정이 생기면 이를 느끼기 전에 밖으로, 정확히 말해 다른 사람들에게 던져버린다. 그렇게 그 감정을 받은 사람들을 괴롭게 만들어 놓고 자신은 텅 빈 상태를 겨우 유지하면서, 나는 의지가 강한 사람이라고 잘난 척한다. 나는 자수성가해서 이렇게 살아남았는데, 자식놈은 왜 이리 나약한지 모르겠다고 한탄한다.

정신분석가 멜라니 클라인^{Melanie Klein}은 마음의 두 가지 상태를 구분하면서 하나를 '편집분열 자리' 다른 하나를 '우울 자리'라고 불렀다. 클라인은 인간이 성장하면서 마음 역시 미숙한 단계에서 좀 더 성숙한 단계로 발달해간다는 프로이트의 생각에 근본적으로 반대했다.

클라인이 보기에 인간은 평생 동안 한편으로는 공격당할까 봐 불안하고 그래서 나를 지켜야 할 거 같아서 고슴도치처럼 웅크리면서 뾰족해지는 상태(편집분열 자리), 그리고 다른 한편으로는 마음에 여유가 생겨 나 아닌 다른 사람의 마음에 공감하고 배려할 수 있는 조금은 더 느긋한 상태(우울 자리)를 그때그때 왔다 갔다 하는 진자 같은 존재였다.

✳

회식 때문에 사흘을 연달아 집에 늦게 들어온 남편은 아내 눈치를 보면서 변명을 한다.

"여보 미안해, 그런데 오늘은 진짜 어쩔 수가 없었어. 과장님이 나가자고 하는데 어떻게 해…."

아내는 잔뜩 화가 나 있다. 두 아이를 겨우 챙겨서 재우고 잠들었는데, 우당탕 들어오는 소리에 깨어버린 것이다. 아내는 등을 돌리고 누워서 못 들은 척한다.

"자기 고생하는 거 내가 다 알아. 오늘도 애들 씻기고 재우느라 힘들었지? 내일은 내가 다 할게(우울 자리)."

아내 눈치를 보며 사근사근하던 남편, 그러나 한 십 분쯤 아내가 등 돌리고 못 들은 척하니 울컥한다.

"아니 이 정도로 빌었으면 되었지 뭘 얼마만큼 하라는 거야! 내가 좋아서 회식했나! 다 자식새끼들 먹여 살리려고 그러는 거 아니야! 남자가 직장생활 하다 보면 그럴 수도 있지(편집분열 자리)!"

아내는 황당하다. 이리 화낼 거 왜 미안한 척했나 싶고, 앞에 한 말은 그럼 다 거짓이었나 싶다.

이렇게 우리는 언제든 '우울 자리'에서 '편집분열 자리'로, 혹은 뒤에서 앞으로 휘리릭 넘어간다. 미안하다고 사과하다가 도리어 화내기도 하고, 혹은 버럭 화내고 나서는 금방 추스르고 사과한다.

왜 클라인은 하필 '우울 자리'라는 '우울한' 이름을 이렇게 더 건강해 보이는 상태에 붙였을까?

이 '우울 자리'의 핵심은 '너 때문이야'라고 하는 대신에 '나 때문이야'라고 할 수 있는 능력이다. 나 때문이라는 것을 받아들이는 것은 내 행동이 타인에게 영향을 줄 수 있고, 사랑하는 사람을 내가 아프게 할 수 있음을 받아들이는 것이다.

죄책감을 느낄 수 있는 능력이 바로 우울 자리의 핵심인 것이다. 그리고 죄책감 때문에 우리는 우울해진다. 클라인의 생각이 절묘한 것이 바로 이 지점이다.

우울 자리는 따라서 한편으로 능력이지만, 한편으로는 고통이다. 타인의 고통에 공감하고 내가 그에 책임지는 자세는 성숙하고 멋진 일이지만, 그 마음자리에 오래 있는 것은 너무도 지치고 힘든 일이라서 언젠가 우리는 거기서 도망칠 수밖에 없다.

누구는 너무 빨리, 누구는 너무 늦게.

그 극단적인 형태에서 반사회적 인격장애 환자들은 불안해할 수는 있지만 우울해하지는 않는다(못한다). 어떤 면에서 우울은 상당히 고차적인 능력에 속한다.

대를 건너 넘어가는 우울

우울은 대를 건너서 넘어가기도 한다.

자해를 반복하고 우울을 호소하면서 학교 가기를 거

부하는 중3 딸을 둔 사십 대 후반 어머니 M씨는 처음 상담에 오자마자 대뜸 딸을 이해할 수 없다고 했다. 저리도 쉽게 포기하는 나약한 딸을 보면 걱정되기 이전에 울화가 치민다고 했다. 사남매의 장녀였던 M씨의 아버지는 알코올 중독이었고, 건설 일을 하면서 집을 자주 비웠다. 가끔 집에 들어올 때는 어머니와 싸우기 일쑤였고, 어머니는 그러고 나면 머리를 싸매고 누워 며칠을 앓았다. 하루 종일 눈물을 흘리며 한탄하고 너희들을 버리고 떠나버려야겠다고, 우리 다 같이 죽자고 했다. M씨는 어머니 대신 동생들을 보살폈고, 고등학교를 졸업하자마자 집에서 도망치는 심정으로 상경해서 혼자 살았다. 그리고 이십 대 초반에 결혼했다. 남편이 술을 마시지 않는 걸 보니 아버지와 다를 것이라는 믿음이 있어서였다.

그러나 결혼하고 보니 남편은 무기력했고, 직장을 잠깐 다니다가 쉽게 그만두고 집에서 '뒹굴 거릴' 때가 많았다. 자주 아팠고 작은 일에도 짜증을 냈다. '어쩌다 보니' M씨는 집안 경제를 책임지게 되었다. 식당 서빙을 하다가 작은 분식집을 차려 늦게까지 일했다. 집에 들어오면 너무도 피곤해서 쓰러져 잠들었고, 아침에 겨우 아이들 얼굴을 봤다.

M씨는 딸이 복에 겨워 저러고 있다고 했다. 나는 더 힘들었는데 그걸 의지로 꿋꿋하게 이겨냈다고 했고, 그나

마 나는 자식들을 위해서 이렇게 열심히 노력하는데, 고마운 줄은 모르고 저리 심약하다고 했다(그리고 아빠를 닮은 거 같아서 더 밉다고 했다).

나는 대뜸 M씨에게 우울이 '격세유전'이 될 때가 있다고 말했다(아이는 담임선생님이 M씨에게 수차례 강권하는 바람에 하는 수 없이 병원에 온 터라 적극적으로 개입하지 않으면 다시 병원에 오지 않을 가능성이 컸다).

'어머니가 많이 우울하셨지요. 어머니의 우울이 가족 안에 가득해서 M씨는 가족을 위해서 아이로서 당연하게 겪었을 고통과 불안과 좌절과 외로움을 다 억누르셨던 것 같아요. 그런데 그렇게 살기 위해 무시했던 감정들 때문에, 이번에는 따님이 고통받고 있는 거예요. 엄마가 고통을 멀리하느라 마음을 비워냈기에 딸에게 주면 좋았을 따듯함까지 함께 사라져 버렸을지도 몰라요. 그러니 M씨가 강하고 따님이 약한 게 아니라, M씨가 비워낸 대가를 따님이 치르고 있는 거예요.'

써놓고 보니 새삼 참 어렵게 말했다(아직 미숙하다는 뜻이다).

상실, 우울 그리고 쿨함

불안에 대해서는 그리도 명료한 통찰력을 보여주었던 프로이트Sigmund Freud도 우울에 대해서는 그렇게 명쾌하지 못했다. 프로이트가 우울증을 다룬 가장 핵심적인 논문은 바로 1915년에 발표한 "애도와 멜랑콜리"인데, 여기에서 프로이트는 우울에 대해서 상실의 관점에서 시작해서 동일시라는 관념으로 갔다가 자기를 향하는 분노에 대해서 말하면서 끝을 낸다(그러니까 무슨 말인지 잘 모르겠다는 뜻이다). 그는 정상적 애도와 병적 우울을 구분하면서, 우리가 상실을 받아들이고 슬픔을 충분히 경험하지 못하면, 오히려 완고하고 경직된 우울에 빠져들게 된다고 경고했다.

프로이트가 옳다고 하더라도 프로이트가 말하는 우울은 내가 진료실에서 만나는 우울의 아주 일부만을 설명할 수 있을 뿐이다.

프로이트는 불안을 다루는 데는 명수였지만, 우울을 다루는 데는 미숙했던 것일까. 돌이켜보면 그는 불안한 남자였지, 절대로 우울한 사람은 아니었다. 구강암 때문에 수십 번이 넘는 수술을 받으면서도, 담뱃대를 물고 그는 꿋꿋했다.

지그문트 프로이트

프로이트가 말한 우울의 핵심은 사랑하는 사람에 대한 양가감정이 우리가 그 사람을 상실하면 내면화되어 우리 자신을 공격하게 된다는 것이다. 다시 써놓고 보아도 역시 이해하기 어렵다.

오히려 상실로 인한 우울은 소중한 사람 혹은 사물이 차지하던 내 마음의 자리가 비어버린 만큼 느껴지는 공허와 상실감으로 그냥 단순하게 이해하면 더 쉽고 적절한 것 같다.

우리가 누군가를 사랑하게 되면, 그 사람은 내 마음에 들어와 나의 일부가 된다. 따라서 누군가를 잃는다는 것은 그만큼의 내 일부가 사라지는 것이라서, 이 상처를 치유하는 것이 우리의 숙제가 된다. 그리고 상실을 치유하는 유일한 방법은 그 상실을 받아들이고 충분하게 슬퍼하는 것일 터이다.

문제는 우리네 물질적 삶이 풍요로워지는 만큼, 우리가 점점 더 상실—물질적 상실뿐 아니라 심리적 상실까지—을 두려워하게 되었다는 데 있다.

몇 넌 전 차를 몰고 가는데 여섯 살 아들이 뒷좌석에서 갑자기 울음을 터트렸다. 차에 새 장난감이 있기에 아무 생각 없이 '아, 누가 네 선물이라고 줬나 보다' 했는데, 아내가 사촌 형이 차에 두고 간 거라고, 저녁에 가져다 줘야 한다고 말한 것이다. 순간 아들은 선물을 받았다가 빼앗긴 셈이 되었고, 갑자기 슬퍼 울기 시작했다. 반사적으로 나는 아무 생각 없이 글로브박스에 굴러다니는 초콜릿을 하나 아들에게 건네었다가 아내에게 혼이 났다.

그렇게 상실감을 금방 달콤한 것으로 채워버리면, 아이는 언제 상실을 겪어내는 연습을 하겠느냐고. 평생 달콤한 것으로 고통을 지우면서 살게 할 거냐고. 대낮에 갑자기 진지한 이야기를 하는 아내가 당황스러웠지만, 맞는 이야기라 할 말이 없었다.

문제는 우리가 아이뿐 아니라 우리 자신에게도 깊은 슬픔을 잘 허락하지 않는다는 데 있다. 더 나아가 문화적으로도 그렇게 어두운 감정을 교묘히 피하는 것을 은근히 권장하고 있기까지 하다.

예를 들어 언젠가부터 '쿨한' 게 멋진 것이 되었다.

'날 떠나겠다고? 홋, 그러시든지. 난 괜찮아. 세상에 여자가 너 하나뿐인 것도 아닌데 뭐. 난 네가 없어도 잘 먹고 잘 자고 잘 살 수 있다고.'

'쿨함'은 그러나 상실에 대한 부인이고, 마음의 상처를 느끼는 것이 두려워 비겁하게 미리 피하는 것이다. 슬픔을 내 몸과 마음으로 겪어내는 대신, 피상적인 긍정성으로 도피하는 것이다(위니코트 같으면 '정상으로의 도피'라고 말

42

했을 것이다. 실제로 그는 불빛 가득한 런던의 야경을 보며 우리 문명이 어둠을 피해 도망치고 있다고 말한 적이 있다. 지금으로부터 50년 전에 말이다).

쿨하다는 것은 사실 강한 게 아니라 무능한 쪽에 가깝다.

나아가 현대 사회 자체가 자꾸 이런 초콜릿들을 권장한다.

'뭐 잃어버렸니? 괜찮아, 더 좋은 걸 사면 돼. 항상 더 좋은 게 시장에 있단다.'

이제 우리가 일상적으로 느끼는 것은 가진 것을 잃은 상실감이 아니라, 좋은 것을 가질 수 없다는 상상 속의 상실감에 가까운 건지도 모르겠다.

진짜 상실이 아니라 가짜 상실, 진짜 슬픔이 아니라 가짜 슬픔.

그보다 더 깊은 상실, 죽음이라는 절대적인 상실도 마찬가지일 터이다. 임권택 감독의 영화 〈축제〉에서처럼 한때 죽음은 축제의 일부였다. 동네에 상이 나면 가족들은 며칠 동안 잠 안 자고 오열했고, 동네 사람들을 그들 옆에서 먹고 떠들고 마시고 화투판을 벌였다. 죽음은 너무도 괴롭고 끔찍한 일이었지만, 동시에 우리 삶의 일부라서 그 곁에서 왁자지껄 웃고 놀아도 하나도 이상하지 않았다.

그렇지만 지금 죽음은 어떤가. 차갑게 식어 썩어가는

우울

육체의 흔적을 깨끗하게 지운 청결하고 향수냄새 나는 장례식장에서, 우리는 울어야 하나 말아야 하나 잠깐 웃어줘도 되나 그럼 안 되나 주저하면서 조심스레 소곤거린다.

세월호 사건 이후 상실에 대한 책들이 쏟아져 나온 것도 도저히 눈감을 수 없는 상실을 마침내 마주할 수밖에 없을 때, 사람들이 깊은 혼란에 빠진다는 것을 증거한다.

✳

내게 상실에 대한 가장 감동적인 기록은 어머니가 돌아가신 후 쓴 일기를 모아서 출판한 철학자 롤랑 바르트Roland Barthes의 『애도일기』와 유명한 소설 『나니아 연대기』의 작가 C. S. 루이스Clive Staples Lewis가 아내를 잃고 쓴 『헤아려본 슬픔』이다. 『애도일기』에서 바르트는 어머니가 돌아가신 후 자기 마음에서 일어나는 일들을 몇 년에 걸쳐 섬세히 관찰한다. 신학자이자 소설가로서 많은 책을 낸 루이스 역시 사랑하는 아내를 잃은 슬픔을 삶 바로 그 자리에서 면밀히 들여다본다.

롤랑 바르트는 슬퍼할 권리를 주장한다.

"애도는, 우울은, 병과는 다른 어떤 것이다. 그들은 나를 무엇으로부터 낫게 하려는 걸까? 어떤 상태로, 어떤 삶으로 나를 다시 데려가려는 걸까? 애도가 하나의 작업이라면, 애도 작업을 하는 사람은 더 이상 속없는 사람이 아니다. 그는 도덕적 존재, 아주 귀중해진 주체다."[4]

C. S. 루이스는 온몸으로 슬픔을 통과하면서 이렇게 쓴다.

"슬픔이 마치 두려움과도 같은 느낌이라고 아무도 내게 말해주지 않았다. 무섭지는 않으나, 그 감정은 무서울 때와 흡사하다. 똑같이 속이 울렁거리고 안절부절못하며 입이 벌어진다. 나는 연신 침을 삼킨다. 어떤 때는 은근히 취하거나 뇌진탕이 일어난 것 같은 느낌이 든다. 세상과 나 사이에는 뭔가 보이지 않는 장막이 드리워 있다. 다른 사람이 뭐라 말하든 받아들이기 힘들다. 아니, 받아들이고 싶지 않은 게다. 만사가 너무 재미없다. 그러면서도 다른 사람이 옆에 있어 주기를 바란다. 집이 텅 빌 때가 무섭다. 사람들이 있어주되 저희들끼리만 이야기하고 나는 가만 내버려 두면 좋겠다."[5]

약이 당신의 삶을 흐릿하게 만들지 않나요?

슬픔이나 우울이 피해야 하고 치료해야 하는 병환이 아니라 통과해야 하는 진실한 삶의 일부일 때가 있다. 그렇지만 사실 우울의 표현이 하나가 아니듯 우울의 원인도 하나가 아닐 터이고, 우울을 이해하는 방식도 그만큼 다양할 것이다.

한쪽에서는 우울증이 생물학적 실체가 있다고 본다. 뇌과학자들과 정신의학자들은 우울과 연관된 호르몬, 신경전달물질, 해부학적 뇌 영역, 특정 유전자들을 밝혀내고 이를 변화시킬 과학적 방법을 모색한다. 이러한 관점에서 우울은 서로 상호작용하는 복잡한 시스템 간의 균형 문제로서, 특정한 순간에 연쇄반응으로 인해 자연스러운 회복이 어려운 붕괴가 일어나기도 하지만(이것이 바로 우울이다), 반면 복잡계의 특성상 아주 작은 변화로도 시스템 전체의 큰 변화가 야기되기도 한다(마치 '부에노스아이레스에서의 나비의 날갯짓이 뉴욕 날씨를 변화시키듯' 말이다).[6]

암담한 우울 속에서 우리는 작은 '날갯짓'들을 시도할 수 있다. 산책을 나가고, 일기를 쓰고, 친구에게 전화를 하고, 운동을 하는 것과 같은 '움직임'들.

약물 역시 이러한 날갯짓 중 하나다.

약물에 대한 두려움과 편견들(정당할 때도 있지만 상당히 많은 경우 과도한)이 있다. '약을 먹으면 중독되어 끊기 힘들 거 같다. 약을 먹으면 치매가 생긴다던데, 바보가 된다던데. 약을 먹는다는 것은 내가 의지가 약하다는 증거일 거 같다. 약을 먹으면 나를 잃어버릴 거 같다. 내 문제는 마음의 일인데, 뇌를 치료하는 것으로는 좋아지지 않을 거 같다. 약으로 마음을 다스리려고 한다는 게 자존심 상한다.'

항우울 약제에 대한 연구 결과들도 상황을 복잡하게 만든다. 항우울제 치료 효과를 검증하기 위해서 기본적으로 쓰는 방법은 우울한 사람에게 항우울제와 가짜 약을 무작위로 투여하고 그 효과를 보는 것이다. 이를 통해 가짜 약 대비 진짜 약이 얼마나 효과가 있는지 판단한다. 신기하게도 여러 가지 항우울제들이 일관되게 세 명 중 두 명에게 효과가 있다고 나온다. 우리를 헷갈리게 하는 것은 가짜 약을 먹은 사람들도 세 명 중 한 명은 낫는다는 사실이다. 여기에 항우울제에 대한 수많은 논쟁의 꼬투리가 있다.

문제는 사람들이 걱정하듯 약물이 너무 강하다는 데 있는 것이 아니라, 충분히 강하지 않다는 데 있다. 최소한 우울증에 쓰는 약들은 중독의 가능성이 없고, 치매 문제도 전혀 일으키지 않는다. 약이 나를 바꾸는 게 두렵다면, 밥 먹고 나서 식욕이 사라지는 것을 두려워해야 할 터이다. 정신과 의사들이 고민하는 것은 오히려, 항생제가 병균들을 박멸하듯 항우울제가 우리 마음의 고통과 우울감을 씻은 듯이 사라지게 해주지 못한다는 것이다. 약을 먹으면 조금 덜 끔찍하고 조금 힘이 나는 것 같기도 하지만, 나라는 존재가 달라지는 것은 아니고, 마음속 상처와 숙제가 사라지지도 않는다.

약은 정확히 말해 문제를 풀 수 있는 힘을 조금 보태어 주는 것이지, 문제를 근본적으로 해결할 수단이 되지는 못한다.

나는 약이 덜 고통스럽게 해줄 수는 있지만, 더 행복하게 해줄 수는 없다고 덧붙인다. 역설적이게도 많은 사람들이 이렇게 약이 너무 강한 게 아니라 약한 게 문제라는 이야기를 듣고, 약을 먹기로 결심한다.

저널리스트이자 심리학자로서 스스로 깊은 우울을 경험했던 앤드루 솔로몬Andrew Solomon은 자신의 경험을 우울증에 대한 학술적 탐구와 결합하여 『한낮의 우울』이라는 책을 썼다. 출판된 지 이제 20년이 되어가지만 여전히 우울증에 대한 가장 방대하고 심오한 탐구인 이 책에서 그는 '약이 당신의 삶을 흐릿하게 만들지 않나요?'라고 스스로 질문하면서 이렇게 답한다. "항우울제는 더 중요하고 더 훌륭한 순간에 더 그럴듯한 이유로 고통받을 수 있게 해준다."[7]

지극히 서구적인 문화적 발명품

심리학자들과 정신분석가들은 우리가 우울해지는 심

리적 인과에 대해서 살핀다. 상실에 대해서 말하고, 좌절에 대해서 말하고, 누구는 학습된 무기력에 대해서 말한다. 의식 밑의 더 깊은 무의식에 대해서, 기억 뒤의 더 오랜 경험에 대해서 말한다.

하지만 한 극단에서는 우울이라는 병 자체가 지극히 서구적인 문화적 발명품이라고 본다. 기분의 변화를 질병으로 규정하고 과학적으로 개입하고 공론화하는 방식 자체가 서구문화의 편견 속에서 작동하고 있다는 것이다.

『미국처럼 미쳐가는 세계』에서 에단 와터스는 우울증이라는 '질병'이 일본에 어떤 식으로 스며들어와 정착했는지를 살피면서 그 문화적 정치적 맥락을 짚는다. 그리고 그 배후에서 제약회사의 전략적 홍보가 어떤 영향을 미쳤는지를 파헤친다. 복잡한 사회문화적 변화 속에서 사람들이 지난 수천 년간 느껴오고 규정해왔던 감정들을 어떤 식으로 다르게 인식하게 되는지 꼼꼼하게 살피는 이 책을 읽노라면 감정이 오로지 내적 현상이나 생리적 반응만은 아니라는 것을 느끼게 된다. 감정을 느끼는 방식, 이해하는 방식, 표현하는 방식, 처리하는 방식 자체가 문화적으로 구성되고 역사적으로 형성되는 것이다.

어떤 면에서는 우울과 같은 깊은 감정을 낯선 사람에게 공개적으로 표현하는 것 자체가 이미 서구적이다.

2004년 인도네시아 쓰나미 사태 때, 걱정스러운 마음으로 서양에서 급파되었던 정신건강전문가 집단은 생각지 못한 저항에 맞닥뜨려야 했다. 도와주고 싶다니 고맙기는 한데 "왜 내 고통을 처음 보는 당신에게 이야기해야 하느냐?"라고 묻는 사람들, 상처를 말하는 게 대체 나에게 무슨 도움이 되는지 이해할 수 없다고 진심으로 당황스러워하는 사람들을 설득해야 했던 것이다. 당연하게도, 설득은 그리 효과적이지 못했다.

혼란이자 깨달음, 고통이자 받아들임

지극히 서구적인 그러나 점점 더 보편적인 것이 되어가는 고독과 우울을 평생에 걸쳐 표현한 작가가 바로 에드워드 호퍼Edward Hopper일 것이다.

호퍼의 그림에서 사람들은 항상 혼자 있다. 대표작 〈밤의 사람들〉에서도 형광등이 창백하게 비추는 공간에 여러 사람이 앉아 있지만 정말로 누구와 '함께' 있는 사람은 아무도 없다.

〈푸른 저녁〉은 호퍼가 이십 대 후반에 그린 초기작이다. 그림 속 사람들의 시선은 모두 어긋나 있다. 일곱 명의 인물들이 리드미컬하게 배치되어 이루는 완벽한 삼각형

에드워드 호퍼, 〈푸른 저녁〉(1914)

구도. 암청색 배경과 대조되어 도드라지는 비현실적일 정
도로 새하얀 광대 얼굴의 분칠. 광대는 테이블을 내려다보
는지, 자신의 안을 들여다보는지 알 수 없다.

광대는 물론 에드워드 호퍼 자신이고, 우리 모두일 터
이다.

모든 인간의 마음속에 드리운 그림자이며, 사람들 속
에 도사린 내가 진짜 내가 아닐지도 모른다는 새하얀 불안
의 현현. 인간이 인간이기 위해서 어쩔 수 없이 감당해야
하는 쓸쓸한 분장.

분장을 지워내고 광대 옷을 벗겨내면 무엇이 남을 것
인가. 어쩌면 우리는 초라함에 몸서리치며 도망칠지도 모
른다. 불안에 휩싸여 정신없이 흰 칠을 바르고 있을지도.
정말 민낯으로는 차마 거울을 들여다보지 못하는 법. 우리
는 타인의 시선을 빌려와서야 겨우 자기의 얼굴을 들여다
본다. 남의 시선으로 치장한 후에야 겨우 자신의 모습을 견
디는 것이다.

저 광대의 고독과 우울은 한편으로는 혼란이지만 한
편으로는 깨달음이고, 한편으로는 고통이지만 한편으로는
받아들임이다. 우울이란 그래서 어떤 면에서는 삶에 대한
솔직한 인식을 가져온다.

유명한 한 실험에서 우울증 집단과 일반인 집단이 좀

비를 공격하는 비디오 슈팅 게임을 한다. 실험자는 게임이 끝나고 인터뷰를 하면서 방금 마친 게임에서 좀비를 얼마나 죽인 것 같으냐고 묻는다.

흥미롭게도 일반 집단은 네 배에서 여섯 배 정도 부풀려서 생각하는 반면(다섯 명을 죽였다고요? 그럴 리가요, 분명 스무 명은 넘었던 거 같은데!), 우울증 집단은 자신의 능력을 정확하게 평가한다. 처리한 좀비의 숫자를 비교적 정확하게 맞히는 것이다.

이렇게 본다면 현실적인 사람은 오히려 우울한 사람들이다. 거꾸로 말해 기분이 괜찮을 때 우리는 어떤 의미에서 과대망상에 빠져 있는 것이다!

정신분석가 도널드 위니코트Donald Winnicott는 인간의 이러한 역설에 대해서 잘 알고 있었다. 그는 이를 '건강한 과대성'이라고 불렀다. 위니코트에 따르면 정신적으로 건강하다는 것은 어떤 면에서는 역설적이게도 자신에 대한 말도 안 되는 비현실적 확신을 가지는 것이다.

현실을 왜곡하고 자기 능력을 부풀려서 판단하지 않으면, 우리는 건강하게 세상과 만날 수가 없다.

건강한(과대망상인) 우리는 죽는다는 것을 알지만, 죽지 않을 거 같다. 자동차 사고로 일가족이 죽었다는 뉴스를 보고 안타까워하지만 내게는 그런 일이 일어나지 않을 것 같다. 거울을 보면 얼굴은 삭았지만, 눈은 좀 더 또랑또랑해 보여 왠지 좀 잘생긴 것 같다(그래서 거울을 흘끗 한 번 더 본다). 왠지 지금 이 무거운 빚도 다 갚을 수 있을 거 같고 암은 걸리지 않을 것 같다. 그래서 오 년 후를 생각하고 이십 년 후를 생각하며 저축을 하고 보험을 든다. 오늘 하고 싶은 걸 참고 노후를 대비한다(참 어렵다. 그렇다고 매일 버킷 리스트를 작성하면서 살 수도 없는 노릇 아닌가. 그러다가 삼십 년 사십 년 더 살아버리면 뭘 먹고 사느냐는 말이다).

무의식이 보내는 메시지

"인생은 물론 몰락의 과정이다."

소설가 피츠제럴드F. Scott Fitzgerald는 『위대한 개츠비』의 초고에서 첫 문장을 이렇게 시작했다. 마흔을 넘긴 나는 이제 비로소 이 문장(실제 출판본에서는 삭제되었다)이 진실하다는 것을 알겠다. 체력은 떨어지고, 점점 작은 글씨가 안 보인다. 책을 읽어도 내용이 잘 기억나지 않고 계란프라이를 하고 가스 불을 끄지 않아 아내에게 혼난 게 벌써 두 번이다(집을 홀라당 태워먹을 뻔했다).

이렇게 살다가 나는 죽을 것이다. 그리고 언젠가 내 두

아들도 세상을 떠나고, 그렇게 나를 기억하는 사람은 이 세상에 남아 있지 않을 것이다. 영화 〈코코〉에서처럼 현세에서 나를 기억하는 사람들이 사라지면, 진정한 의미에서 나는 세상에서 사라질 것이다.

이건 팩트라서, 어찌해볼 방법이 없다. 생각이 거기에 다다르면 숨이 턱 하고 막히면서 아무것도 할 수 없을 것만 같은 순간이 잠시 나를 덮친다. 다행스럽게도 현실 감각은 오래 유지되지 않는다. 금방 카톡이 울려서, 밥때가 되어서, 장바구니에 넣어놓은 시디가 생각나서, 나는 그 '현실'에서 빠져나온다.

이렇게 건강한 과대성이 사라질 때, 우리는 진실을 만나고, 그 진실은 너무도 피할 수 없이 우울하다.

같은 맥락에서 진화론에서도 우울은 의미 있는 적응 반응이라고 본다. 쉽게 말해 우리가 살아남는 데 도움이 되는 감정이라는 것이다. 만약 우울이라는 감정이 정말로 우리를 괴롭히기만 하고 아무런 도움이 되지 않는다면, 이렇게 많은 사람들이 우울해하고 있지는 않을 것이라는 게 상당수 진화의학자들의 주장이다. 적응주의적 관점을 모든 자연 현상에 적용할 수는 없지만, 이렇게나 불리한 '형질'이 긴 진화적 시간 동안 남아 있기는 어렵다.

우울은 몇 가지 의미에서 우리에게 도움을 준다.

우선, 우울한 기분은 손실을 초래할 수 있는 가망 없는 일에서 손을 떼게 도와준다(에너지가 없어서 하고 싶어도 할 수 없으니 말이다). 덕분에 우리는 문제 해결을 위한 다른 길을 생각해볼 수 있게 여유를 (강제로) 얻는다.

다음으로 우울한 기분은 우리의 '맹목적' 낙관주의에 제동을 걸어 목표를 더 객관적으로 다시 판단할 수 있게 도와준다. 위에서 말한 것처럼 '정말로' 현실적으로 내 문제를 생각해볼 수 있는 계기가 되는 것이다. 한편으로 이는 좌절이지만, 뒤집어보면 사실 자신의 객관적 현실을 깨닫는 것이기도 하다.

또한, 우울증은 가족이나 친구 혹은 연인에게 도움이 필요하다는 신호를 보냄으로써 다른 사람이 나를 돕도록 이끈다. 나도 모르게 조난 신호를 보내는 것이다.

정신분석가 융C. G. Jung 역시 우울을 진화론자와 상당히 비슷하게 바라보았다. 융에게 우울은 치료해야 하는 비정상적 문제가 아니라 우리의 깊은 무의식이 의식적 자아에게 보내는 메시지였다.

*

작은 공장을 운영하는 '사장님'인 오십 대 D씨는 막연한 공허감과 자살충동 때문에 외래를 찾았다. 처음 진료실에 앉은 D씨는 어쩔 줄 몰라 하면서 무슨 말을 해야 할지 모르겠다고 했다. 이렇게 정신과를 찾아오리라고는 상상도 못 했다고 했다.

D씨는 자신이 왜 이렇게 힘들고 괴로운지 도저히 이해할 수 없었다. 사업은 너무도 잘되어 최근에 공장을 하나 더 지었고, 애들은 이제 집을 떠나 서울에서 살고 있었다. 부부관계도 괜찮았고, 비밀이지만 가끔 만나는 여자친구도 있어서 심심하지 않았다. 주변 사장님들과 골프 치고 술 마시는 자리도 많았다. 그런데 길을 걷다가 벚꽃이 피었기에 멍하게 나무를 올려다보다가 자기도 모르게 저 나뭇가지에 목을 매다는 이미지가 떠오르면서, 화들짝 놀라 병원을 찾았다.

D씨는 워낙 외향적이었고 사교적이었다. 고향에서 사업가로 자리 잡으면서 인맥도 넓었고 부르는 사람도 많아서 일주일에 서너 번은 회식자리가 있었고 주말에는 골프를 치러가거나 부부가 여행을 갔다. 그렇지만 이상하게 1~2년 전부터 회식자리가 귀찮아지고 혼자 있고 싶다는 느낌이 들었다. 별로 의욕도 없고 자기도 모르게 멍하니 앉아 있는 순간들이 늘었다. 혼자 있고 싶다는 느낌이 들어 밤늦게 공장 사무실에 앉아 있노라면 깊은 허무감이 밀려

왔다. 항상 건강했고 정기검진에서도 아무 이상 없다고 들었는데, 요새는 머리도 자주 아프고, 소화도 잘 안 되고, 잠도 깊이 잘 수 없었다. 이상한 꿈을 많이 꾸었다.

나는 D씨에게 마음에는 타고난 균형 감각이 있어서, 한쪽으로 너무 치우치면 반대쪽이 오래 억눌리고 그렇게 시들어서 탈이 날 수 있다고 했다. 그럴 때 우리의 깊은 곳에서 균형을 회복하라는 신호를 보내는데, 그게 지금 느끼는 우울감일 수도 있다고 말했다. 바깥만을 바라보고 세상과 어울리느라, 마음속을 챙기지 못한 것 같다고, 이토록 풍요로운 현실의 삶과 반대로 내면의 삶이 많이 메말라서, 거기에서 우울감이 일어나는 건지도 모르겠다고 했다.

'지금 느끼는 우울은 어떤 질병이라기보다는 마음속 깊은 곳에서 보내는 메시지일지도 몰라요. 이제 세상이 아니라 마음속을 들여다보고, 세상만큼 마음속도 풍요롭게 만들어야 하는 시기라는, 그러니 혼자서 가만히 앉아 차분하게 마음을 살펴보라는 메시지 말이에요.'

2주 후 예약이었지만 D씨는 전화해서 예약을 취소했다. 그렇게 상황을 이해하고 나니 훨씬 마음이 편해졌다고, 여전히 공허하고 우울한 느낌이 있지만, 그 느낌이 이제 두렵지 않아서 혼자서 노력해볼 수 있겠다고 했다.

오랫동안 마음이 비어버린 결과

우울이 메시지가 아니라 오랫동안 마음이 비어버린 결과일 때도 있다.

대학교 졸업반 스물세 살 A씨는 자기도 모르게 사람들 눈치를 보게 되고, 남자친구에게도 일방적으로 잘해주는 것 같고, 사람들 관계에서 쉽게 상처받는다는 문제로 외래에 방문했다. 아래로 남동생과 여동생이 있는 맏딸이었던 A씨는 어릴 때부터 부모님이 경제적인 문제로 많이 다투는 것을 보았다고 했다. 인생의 첫 기억을 묻는 질문에 아빠가 엄마를 때리고 있고 자기는 부엌 뒤에 숨어 오들오들 떨던 다섯 살 때가 기억난다고 했다.

A씨는 항상 만성적으로 우울했던 엄마 눈치를 보았고, 동생들을 알아서 보살폈다. 원하던 대학을 갈 만한 성적이 나왔음에도 불구하고, 집을 떠나서는 안 될 것 같아서 살고 있는 지방 소도시 대학에 지원했다.

주변 사람들은 사려 깊고 섬세하고 자상한 A씨를 좋아했지만, 정작 자신은 어느 순간부터 자신이 사람들 눈치를 너무 보고 있다는 것을 느꼈다. 사람들과 함께 있으면 좋았지만, 그냥 그들이 원하는 대로 따를 뿐 자신이 무엇을 하자고 주장한 적은 없었다. 정확하게 말해 자기가 뭘 좋아하는지 잘 모르겠다고 했다. 서운하거나 억울한 일이 있어도 참았고, 반면에 누가 조금이라도 표정이 안 좋으면 무슨 일이 있는 건 아닌지 내가 잘못한 게 있는지 전전긍긍했다.

그리고 집에 들어와 혼자 방에 앉아 있는 어두운 밤이 되면 막연한 공허감에 휩싸였다. 마음이 텅 비어서 아무 느낌이 없었다. 가장 힘든 건 자기가 뭘 원하고 뭘 좋아하는지 잘 모르겠다는 생각이 들 때라고 했다. 내가 누구인지 잘 모르겠다고 했다.

비슷한 호소를 하면서 습관적으로 자해를 하다 학교를 중퇴한 열일곱 살 G군은 자신이 구름 같다고 했다. 어디까지가 나고 어디까지가 세상인지 구분이 잘 안 되는데, 손목을 그으면 그 경계가 느껴진다고 했다. G의 어머니는 잦은 사기 사건에 휘말려 집을 나가 있는 일이 많았다. 아무 말 없이 사라졌다가 다시 아무 일 없다는 듯 2년 만에 집으로 들어오셨다. 엄마가 사라지면 연락이 되지 않았고 연락을 해서도 안 되었다.

약물 치료와 상담 치료를 겸하여 매주 만났다. 6개월쯤 지나면서 자해가 줄어들었는데, 어느 날 아이는 요즘엔 자기가 풍선처럼 느껴진다고 말했다. 이제 자신의 경계가 어디까지인지는 알겠는데, 속이 텅 비어 있어 공허감을 견딜 수 없다고 했다.

깊은 나, 표면의 나

위니코트의 참자기·거짓자기 개념을 처음에는 좋아하지 않았다. 당시에는 포스트모더니즘과 라캉에 빠져 있었을 때라서 진짜와 가짜를 나누는 게 마음에 불편했다. 타고난 진실된 내가 있다니, 세상에 그런 게 어디 있나 싶었다. 그렇지만, 실제 임상 현장에서 자꾸 위와 같은 문제를 호소하는 비슷한 사람들을 만나게 되면서 다시 이 개념으로 돌아올 수밖에 없었다.

위니코트는 우리 모두가 타고난 잠재력과 고유한 욕구와 충동을 지니고 태어난다고 믿었다. 보통 엄마(위니코트는 'good enough mother'라는 표현을 썼는데 이 용어가 '충분히 좋은 엄마'로 번역되면서 오해가 좀 생겼다. '크게 나쁘지 않은 엄마'가 위니코트의 의도에 조금 더 가깝다)가 큰 사고 없이 아이를 키워간다면, 아이들은 이런저런 시련에 부딪히는 와중에도 내면에서 자라나는 고유한 자기를 키워나갈 수 있다. 의식적인 나와 깊은 내가 '닿아 있다는 느낌'이 유지될 때, 거기에서 내 삶이 흘러간다는 느낌이 생겨나고, 어떤 충만함이 마음 깊이 자리잡는다.

하지만 여러 가지 이유로 아이가 감당하기 어려운 시련에 부딪히고, 자라나는 게 아니라 살아남는 게 과제가 된

우울

다면, 아이는 생존을 위해 고유한 내면을 키우는 작업을 일단 중단하고 세상에 반응하는 껍질부터 만들어낸다. 자연스레 솟아나는 감정과 욕구들을 억누르고 세상에 자신을 맞추게 되는 것이다. 이때 참자기 대신 거짓자기가 자리잡는다.

거짓자기가 자라날 때 결국 '깊은 나'와 '표면의 나' 사이 텅 빈 공간을 자각할 수밖에 없는 순간이 온다. 이들은 전형적으로 혼자 있을 때 뭔가 공허하고 텅 빈 느낌이 들어 견딜 수 없다고 말한다. G군의 표현처럼, 풍선처럼 속이 비어 있어서 뻥 하고 터져버릴 듯 위태롭다. 이 결핍감은 항우울제로 해결될 수 없는 영역의 문제라서, 결국 심리적 작업을 통해 메마른 씨앗에 물을 주고 천천히 싹을 틔워야 한다.

물론 우리가 누구랑 함께 있고 싶어하는 자연스러운 본능을 억지로 억누를 필요는 없다. 이를 미숙한 것으로 치부할 필요도 없고.

고독이 미덕은 아니다

스무 살 대학생 I씨는 자신이 너무 쉽게 우울해지는 것 같다고 하면서, 우울증인지 궁금하여 상담을 받으러 왔다. 부모님, 언니, 남동생과 고등학교 졸업할 때까지 함께 살아온 I씨는 대학교를 서울로 가면서 자취를 시작했다. 학교생활은 설레고 즐거웠지만, 수업이 끝나고 집에만 들어오면 뭔가 심심하고 외로워서 자꾸 친구들에게 카톡을 하고 페이스북에 들어가 보다가 잠이 들었다. 혼자 밥 먹는 게 싫어 동아리방에 앉아 있거나 친구들에게 문자를 돌렸는데, 그러다 보면 자신이 아직 어른이 못 된 것처럼, 고독을 즐기지 못하는 미숙한 인간인 것처럼 느껴졌다. 점점 자괴감이 커졌고, 이런 내가 과연 괜찮은 걸까, 혹시 우울하거나 너무 미성숙한 건 아닐까 하는 걱정이 늘어났다.

인간은 사회적 동물이라는 말은 말 그대로 인간은 같이 자고 같이 먹고 같이 일하는 동물이라는 뜻이다. 인류 역사 속에서 인간이 혼자 자고, 혼자 먹고, 혼자 놀게 된 것은 채 100년도 되지 않는다. 호모 사피엔스의 역사를 20만 년이라고 치면, 우리 인간은 199,900년 동안 항상 함께 생활했던 것이다. 그러니, 인간이 혼자 있을 때 뭔가 어색하고 불편한 건 지극히 정상적 반응이다.

이렇게 설명했더니 I씨는 마음이 좀 편해지는 모습이었다. 덧붙여 왠지 고독을 즐기고 있으면 성숙한 것 같고 멋진 것처럼 느끼게 만드는, 우리 문화에 아직도 미묘하게 스며 있는 서구적 인간관의 오류에 대해서도 이야기를 나누었다. 서구 문화는 항상 개인의 독립성을 집단보다 중요

우울

하게 생각했고, 그러다 보니 고독이라는 가치가 성숙함의 지표처럼 되어버렸다. 하지만 아무도 없어도 괜찮은 게 과연 건강한 것인지 되물었다.

정신분석가 하인즈 코헛Heinz Kohut은 프로이트의 전통을 이어 국제정신분석학회장까지 맡은 인물이었지만, 인간관은 프로이트와 달랐다. 프로이트는 우리가 유아기에 엄마로부터 심리적으로 분리되고 나면 원칙적으로 타인은 욕망의 대상이라는 점에서만 의미가 있다고 말했다. 하지만 코헛은 우리 모두가 단순히 어릴 때만이 아니라, 평생에 걸쳐 지지받고 의지할 수 있는 타인이 필요하다고 생각했고, 이를 '자기대상'이라고 불렀다.

애착이론을 창시한 보울비John Bowlby 역시 "나이와 상관없이 모든 인간은 어려운 상황에 처한 자신을 도울 사람이 한 명이라도 있다고 확신할 때 가장 행복해하고 자신의 능력을 최대치로 끌어올린다"라고 썼다.

따라서 외로움은 미덕이라기보다는 여러 질환의 위험인자에 가깝다. 혼자 외롭다고 느끼는 사람은 사회적인 사람들에 비해 지방에서 영양을 10퍼센트 더 많이 섭취하고, 고혈압 발병률이 37퍼센트가 높고, 스트레스 수치가 50퍼센트 더 높고, 신진대사율이 37퍼센트 낮고, 심장마비를 일으킬 확률이 41퍼센트 더 높고, 소득수준조차 8퍼센트 낮

다고 한다.[8]

어쩌면 외롭다는 감정은 미성숙의 지표나 우울의 일부이기 이전에, 우선 사람들 속으로 들어가라는 메시지로 해석하는 것이 정확할 것이다.

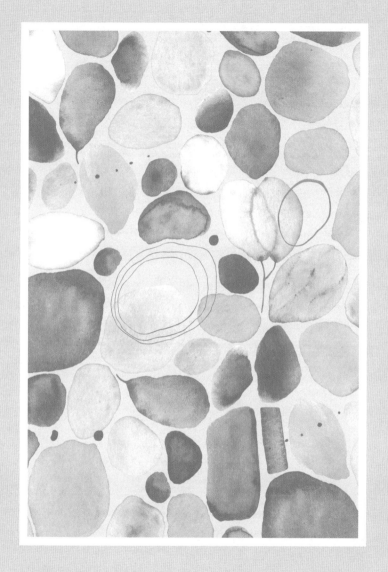

part 2

두 번째 얼굴
불안

"우리는 고통의 시간을 얼마나 낭비하고 있는가.
고통의 끝이 있는지 그 너머만을 보며
얼마나 괴로운 시간을 보내는가.
그러나 고통은 참으로 우리의 계절, 우리들의 겨울⋯."
—라이너 마리아 릴케

＊

불안이 유행인 시대가 되었다.

많은 연예인들이 공황장애를 고백한다. 끔찍한 사고들이 연달아 일어나고 그 외상으로 인한 불안과 고통에 대해 점점 더 많은 이야기가 들려온다. 불안에 대한 책들이 끊임없이 출판된다. 정치인들은 수많은 위협과 근심에 대해서 말한다. 불안을 자극하는 것은 가장 고전적인 정치 책략이지만 여전히 가장 효과가 좋은 방법 중 하나일 터이다.

그 상투적 소재로는 공산주의와 지역감정이 있었다. 그리고 점점 더 재료들은 미시적이 되고 다양해진다. 현실적 위협과 상상적 위험이 뒤섞여 어디까지 진실이고 어디까지가 거짓인지 우리는 이제 구분할 수 없다.

더 행복해지기 위해서가 아니라 덜 불안하기 위해서

사회학자 울리히 벡Ulrich Beck은 현대사회를 아예 '위험 사회'로 정의했고, 정신분석가 데이비드 벨David Bell은 "도시인들이 가진 편집증의 원인은 통제하려는 욕망"이라고 말했다.[1] 실제로 수많은 불안 요소들이 세상에 존재하지만, 한편으로 완벽한 안전을 과도하게 갈망하다 보면 우리는 저도 모르게 더 많은 적들을 상상 속에서 창조하게 된다.

완벽한 통제(사실은 불가능한)에 대한 욕구가 끊임없이 불안을 일으키고 그 불안이 다시 통제에 대한 강박을 만든다.

놀이터를 예로 들어 생각해보면 쉽다. 놀이터에서 아이들은 몸의 가능성과 한계를 배우고, 몸과 세상의 접점을 탐험하면서 위험과 안전을 판단하고 감당하는 법을 익힌다(익혀야 한다). 한 번도 넘어져보지 않고 떨어져보지 않는다면 어떻게 우리가 내 팔다리 힘의 한계를 알 수 있겠는가. 통증이 뜨거운 불처럼 확 퍼지면서 울음이 터지는 그 순간을 겪어보지 않는다면 어떻게 타인의 통증에 공감하겠는가.

넘어지기 전에 매번 엄마가 너무 빠르다고 붙잡아버리고, 떨어지기 전에 아빠가 너무 위험하다고 안아준다면 아이는 위험을 실감하지 못하게 되거나, 혹은 정반대로 지나친 두려움에 움츠러들 수 있다. 지금 우리 사회에서 일어나는 일이다.

내 아이가 다칠지도 모른다는 불안, 누가 다쳐 내가 책임져야 할지도 모른다는 불안이 점점 더 놀이터 설계의 주요 가치가 되면서 아이들은 세상의 자연스러운 까슬함이 제거된 비현실적으로 매끄러운 공간에서만 놀도록 허락받는다. 이제 모든 높은 곳에는 안전장치가 되어 있고 설사 떨어져도 우레탄이나 모랫바닥 덕분에 아프지 않다. 나무도 정성스레 대패질해서 페인트까지 발라놓았으니 손바닥에 가시 하나 박힐 일이 없다. 위험해 보이지만 사실 하나도 위험하지 않고, 이미 모든 동선이 계획되어 있기에 창의적인 움직임도 점점 더 불가능해진다.

그래서 아이들이 터널미끄럼 (속이 아니라) 위로 기어올라가는 것이다. 그 길은 어른들이 설계하지 않았기 때문이다. 역설적이게도 거기서 놀면 다칠 위험성이 있기 때문이다.

이것은 마치 시뮬레이션 게임으로 운전을 배우는 것과 같다. 기어와 핸들을 조작하고 가속페달과 브레이크를 밟는 연습은 게임으로도 얼마든지 가능하다. 시뮬레이션 게임에 부재하는 건 물리적인 충돌의 감각과 몸과 마음을 파고드는 고통 그리고 손상과 부상과 죽음의 가능성이다. 그리고 이 극단적 불안과 일상적 익숙함을 적당한 정도로 조화시키는 균형 감각이야말로 가장 중요한 운전 기술 중 하나이다.

파스칼 키냐르Pascal Quignard는 "일들이 적게 일어날수록 더욱더 우리는 아무 일도 일어나지 않도록 조처한다"고 말한 적이 있다. 에드거 앨런 포는 이미 오래전에 "두려움은 인간들이 안전하다고 확신할 때 환기시키기 좋아하는 감정이다"라고 했다.

이제 우리는 어쩌면 더 행복하기 위해서가 아니라 덜 불안하기 위해서 돈을 벌고 보험을 들고 직장에 나가고 검진을 하고 운동을 하고 있는지도 모른다.

내면의 불안을 병리화하기

위험에 대한 불안이 안전에 대한 욕구를 일으키는데, 이는 더 완벽한 안전에 대한 불가능한 강박을 만들어내면서 오히려 불안을 만성화시키는 형국이 된다.

우리는 불안이 최대한으로 제거된 시대에 살면서 가장 불안해한다. 그렇지만 이러한 인식이 허물어지는 데에는 '그래서 내 아이가 다친다면 네가 책임질 것이냐?'는 질문 하나면 충분하다. 모든 불안을 제거하려는 이러한 강박은 외적 불안 요소뿐 아니라 내적 불안까지 제거하려는 사회적 압력이 된다.

크리스토퍼 레인의 『만들어진 우울증』은 우리말 제목과는 달리 수줍음과 불안에 관한 이야기다(원제는 '수줍음Shyness'이다). 레인은 우리 사회가 천천히 내향성과 수줍음을 사회적 불안과 사회 공포라는 질병으로 만들어온 과정들을 따라가며 그 배후에 존재하는 모호한 경제적 문화적 압력들을 탐색한다.

사실 사람들과 어울리기보다는 혼자 있는 것을 선호하고, 사람이 많이 모인 장소에서 불편함을 느끼는 것은 장애나 결함이 아니라 타고난 기질과 개성의 문제이다. 그런데 우리 사회가 외향적이고 사교적이고 적극적인 가치들을 옹호하고 장려하면서 미묘한 방식으로 그와 다른 성향들을 병리화하고 있다는 것이다. 그러면서 수줍음, 조심스러움, 사려 깊음과 같은 가치들에 '불안해한다'는 낙인을 찍는다.

✼

사실 나는 사람들과 밥 먹는 게 싫다. 정신과 의사로서 하루 종일 '친하지 않은' 사람들과 만나 책상 하나 사이에 두고 눈 맞추고 마주 앉아 마음속 깊은 이야기를 한다. 일은 보람차고, 재미있을 때도 있고, 성취감도 있고, 어쨌든 생계 수단이 되지만, 퇴근할 때가 되면 거의 매일 두통을 느낀다. 지치고 피곤하다. 그래서 일이 끝나고 나면 바로 음악이 있는 골방에 틀어박히거나, 아내와 아이들이 있는 집으로 들어간다. 점심때는 빠르게 밥을 먹어치우고 혼자서 병원 주변을 걸으며 광합성을 좀 하고 혹시 아는 사람이 보는 건 아닐까 은근 걱정하면서 놀이터 철봉에 뭉친 어깨를 문지르다가 커피를 사서 다시 골방에 기어들어가 음악을 듣는다.

회의나 강의가 있어 사람들을 만나면 점심을 먹자고 하고, 실제로 식당 예약까지 해놓기도 하지만, 약속이 있거나 회의가 있다고 거짓말을 한다. 사실 약속도 없고 회의도 없다. 밥 먹을 때 사람 만나는 게 싫어 그런 일은 웬만하면 만들지 않기 때문이다. 그리고 혼자 동네 식당에 들어가 메밀국수를 먹거나 컵라면을 사들고 골방에 들어가 음악을 크게 틀어놓고 먹는다. 그게 가장 좋다.

일은 일이니 해야 하고, 열심히 하지만, 내 점심시간과 휴식시간까지 일하고 싶지 않다. 내게 사람들과 밥 먹는 것은 일에 속한다. 그래서 수줍어도 사교적이지 않아도 괜찮다는 크리스토퍼 레인의 말이 그토록 마음에 와닿는 것일 터이다.

사람들 앞에서 말하고 강의하는 것도 불편하고 싫은 일 중 하나다. 정신과 전공의 1년차 때 삼십 명쯤 앞에서 처음 발표를 했다. 발표를 시작하기 전까지만 해도 가슴이 조금 두근거리고 숨쉬기가 답답한 정도더니, 막상 인사를 하고 말을 시작하니 가슴이 쿵쾅쿵쾅 뛰는 게 호흡이 힘들 정도가 되었다. 얼굴이 빨개지고, 목소리는 갈라지고, 한 문장을 끝낼 수 없을 만큼 숨이 가빴다. 머리가 텅 비어서 무슨 말을 어떻게 해야 할지 모르겠는 상태에서 어찌어찌 십 분 정도 버티고 나니, 조금씩 두근거림이 잦아들면서 간신히 발표를 마칠 수 있었다.

이후에는 발표가 있으면 그 좋아하는 커피도 마시지 않고, 미리미리 심호흡을 하면서 불안을 조절한다. 그래도 사람들이 백 명이 넘으면 목소리가 갈라지는 것을 피할 수 없어서, 강의 시작할 때 사회공포증이 있노라고 고백하고 (사람들은 웃는다) 강의를 시작한다. 고백해놓고 나면 마음이 좀 편안해진다.

✳

사회적 불안뿐 아니라, 내면적 불안 역시 어떤 면에서

는 보편화되는 양상이다. 공황장애를 앓고 있다는 고백이 우리 사회에서 번지는 것을 어떻게 이해해야 할까.

공황 발작에서 사람들은 아무렇지도 않았던 공간에서 갑자기 공포를 느끼며, 단단하게 여겼던 발밑의 땅이 뒤흔들리고 지금 쓰러져 죽을 것 같다는 극단적 불안을 느낀다. 공황 발작 때문에 죽는 일은 절대 없다는 이야기를 상담할 때 듣고, 머리로는 이를 받아들이지만, 불안은 사라지지 않는다.

공황 경험의 문제는 공황 발작의 순간이 끔찍하게 괴롭다는 것만으로 끝나지 않는다는 데 있다.

일상적 공간이 깊은 함정이 된다. 버스, 승용차 뒷좌석, 엘리베이터, 자동세차장, 비행기…. 무심코 지나치던 공간이 괴물들이 숨어 있는 공포스러운 지하세계가 된다. 세상이 위험해지고 불안해진다. 어쩔 수 없이 우리는 숨고 웅크리고 뒤척이게 된다.

불안에 대한 불안 때문에 불안한

꿈에서 나는 길을 가다가 어떤 건물 입구로 들어가야 한다. 무슨 원룸 건물의 1층 필로티 같은 구조다. 그런데 이상하게도 입구는 반지하처럼 도로에서 약간 아래로 내려가 있고, 천장이 아주 낮아 배를 깔고 미끄러져 내려가듯 기어서 들어가야 한다. 그러다가 문득, 가슴통이 입구의 틈에 끼어버린다. 앞으로 나아갈 수도 뒤로 빠져나올 수도 없다. 문자 그대로 가슴을 조이는 깊은 공포와 무력감. 그 속에서 잠을 깨어 한참 숨을 몰아쉬었다.

일단 공황을 경험하고 나면 문제가 되는 것은 공황 자체가 아니라, 공황이 일어날지도 모른다는 불안이다. 불안에 대한 불안 때문에 불안이 악화되는 악순환이 일어난다.

다음으로는 모든 불안이 심한 불안에 대한 징조로 받아들여지기 때문에, 삶에서 불안을 말끔하게 제거하려는 불가능한 시도를 하게 된다. 당연하고 건강한 불안조차 모두 지워 없애버리려는 강박적 시도. 이런 시도는 당연하게도 실패하며, 이는 다시 불안을 낳는다.

삼십 대 초반의 직장인 남성 J씨는 여러 날 야근을 한 후 어두운 밤에 혼자 차를 몰고 집으로 가는 길에 공황 발작이 일어났다. 갑자기 시야가 좁아지면서 가슴이 심하게 두근거리고 숨이 쉬어지지 않는 느낌이 들어 비상등을 켜고 갓길에 차를 세웠다. 순간적으로 이러다가 죽을지도 모른다는 극심한 공포에 휩싸였다. J씨는 차를 그 자리에 세워둔 채 구급차를 불러 응급실에 갔지만, 심장도 폐도 이상이 없다는 이야기를 들었고, 정신과 진료를 권유받고 집으로 돌아왔다.

불안

J씨는 그 후 한 번도 공황 발작을 경험하지 않았다. 소량의 항불안제와 항우울제를 처방받고 증상은 비교적 빠르게 완화되었다. 그러나 한 번 경험한 극심한 공포에 대한 기억은 쉽게 사라지지 않았다. 술에서 깨는 순간의 미묘한 흔들림, 오후에 졸리기 시작할 때의 찌뿌둥함, 밤에 잠들기 직전의 멍한 느낌들이 모두 공황의 전조가 되었고, J씨는 자기도 모르게 이 모든 미묘한 감각들을 다 없애버리고 싶어 하기 시작했다.

공황 발작 자체가 나아지고 나면, 이러한 불안 자체에 대한 불안을 조절하는 것이, 그리고 더 나아가 일상적이고 '정상적'인 불안을 받아들이는 것이 핵심적인 치료 목표가 된다. 덜 불안하게 되는 게 아니라, 불안해도 괜찮은 게 숙제가 되는 것이다.

이 공황의 가장 고전적인 표현이 바로 에드바르 뭉크Edvard Munch의 〈절규〉일 것이다. 이 그림이 정확한 것은 공황의 순간 자기의 내면뿐 아니라 세상조차 왜곡되고 뒤흔들리는 그 끔찍한 느낌이 잘 표현되어 있기 때문이다.

불안은 마음뿐 아니라 몸을 뒤흔들고 그에 따라 세상도 비틀거린다. 불안해하는 사람에게, 내가 불안한 건 나 때문이 아니라 세상 때문이다. 그러니 세상 어디에도 기댈 곳이 없다는 깊은 무력감과 혼란이 생겨난다.

에드바르 뭉크, 〈불안〉(1894)

잘 알려지지는 않았지만 뭉크는 〈불안〉이라는 제목의 그림도 그렸다. 그 그림에서 한 무리의 사람들은 〈절규〉와 같은 장소에서 초점 없는 눈으로 귀신처럼 한 방향으로 걸어간다.

흥미롭게도 감정에 대해서 연구하는 정서신경과학 분야에서는 모든 포유류에게 '공황 체계panic system'가 존재한다고 본다. 이 공황 체계의 핵심은 엄마와의 애착이다.

엄마를 잃어버렸을 때 모든 새끼들은 공황에 빠진다. 이는 포유류에게 '분리고통회로'가 존재하기 때문이고, 이 학파 사람들은 분리고통체계의 갑작스러운 활성화를 공황 발작의 원인 중 하나로 간주한다.

엘리베이터, 버스, 비행기같이 내가 상황을 통제할 수 없을 것 같은 공간에서 공황 발작이 자주 일어나는 이유도 이러한 관점에서 보자면 엄마를 되찾는 것이 불가능할 것 같은 순간에 공황체계가 불타오르기 때문이다. 실제로 현대사회에서 공황을 고백하는 것이 유행이 된 이유도, 믿을 만한 누군가가 언제나 옆에 있을 것이라는 기본적 믿음이 해체되고 있기 때문은 아닐까?

이 이론의 논리를 따라 자폐를 이해해볼 수도 있다.

보통 우리는 타인이 없을 때 불안해지지만, 자폐가 있는 아이들은 그렇지 않기 때문에 타인에 대한 관심이 없다고 주장하는 사람들이 있다. 즉, 자폐 아이들은 타인의 존재를 통해 자극되어야 하는 오피오이드Opioid(불안을 줄이는 물질이다)가 이미 충분히 분비되고 있기 때문에, 누군가와 함께할 필요성을 느끼지 못하는 것이다. 스스로도 충분히 평안하다!

우리 마음에는 부정형이 없다

정서신경과학은 타인과 연관된 상황에서 유발되는 공황과 일반적 공포 및 불안을 구분한다. 후자의 경우는 사실 모든 동물에게서 놀랄 만큼 유사한 모습으로 발견되는 기본적 공포체계로서, 신체 및 생명을 위협하는 다양한 위험에 대해서 유기체에게 경보를 울리는 감시 기능을 수행한다.

불안은 포유동물이 살기 위해 반사적으로 작동시키는 일종의 보호장치 같은 것이다. 모든 동물은 위험한 상황에서 살아남기 위해 자동으로 몸의 생리적인 균형과 근육의 긴장도뿐 아니라 의식의 초점과 주의력을 변화시키는데, '성찰하고 표현하는 의식'을 가진 존재인 인간은(어쩌면 포유동물들도 역시) 이를 '불안하다'고 지각한다. 그러므로 불안은 통증이 그렇듯 우리가 세상에서 살아남기 위해 꼭 필요한 경보장치이며(통증이 없어 손가락이 불타고 있는

지도 모르는 사람을 생각해보자), 불안이 우리를 뒤흔드는 이유는 사실 그래야 하기 때문이다.

다만 인간에게 불안이 유독 문제가 되는 것은 현대를 사는 인간의 삶 자체가 만만치 않기 때문이다. 생명을 지키라고 켜놓은 경보장치가 길 건널 때마다, 시험 볼 때마다, 상사가 뭐라고 눈치 줄 때마다, 줄어든 통장 잔고를 볼 때마다, 체중계에 올라갈 때마다, 회의할 때마다 하루에도 몇 번씩 울려대니 견뎌낼 재간이 없다. 그러다 보면 경보장치가 폭주하기 시작한다. 공황이 시작되는 것이다.

또한, 인간이 사고하고 예측하는 존재라는 사실도 문제가 된다. 우리 뇌 속에 있는 편도와 해마라는 기관은 위험한 순간을 새겨놓았다가 비슷한 상황이 되면 조심하라는 신호를 보낸다. 모든 동물은 이 시스템을 통해 경험에서 배워가면서 위험한 상황을 조심스럽게 피하며 살아간다. 그렇지만 기억하고 예측하고 분석하는 인간은 아무런 위험이 없을 때조차 자꾸 불안한 순간을 곱씹으면서 스스로 불안을 만들어낸다.

그러면서 불안해하지 말아야지 하고 생각한다. '불안해하지 말아야지, 긍정적으로 생각해야지'라고 생각하다가 다시 불안해지면 스스로를 자책한다.

'나는 왜 이렇게 의지가 약하지? 다른 사람들은 다 씩

씩하게 사는데 나는 왜 이 모양이지? 나는 왜 이리 부정적이지…. 더 열심히 노력해야겠다. 부정적으로 생각하지 말아야겠다….'

그러나 언어에는 '부정형'이 존재하지만, 우리 마음에는 '부정형'이 존재하지 않는다.

유명한 '분홍색 북극곰' 실험이 있다. 심리학과 교수가 학생들을 교실에 모아놓고 말한다.

"지금부터 30초의 시간을 줄 테니 머릿속으로 열심히 분홍색 북극곰 이미지를 떠올려보세요."

30초 후 교수는 그동안 이미지를 얼마나 많이 떠올렸는지 묻는다. 다섯 번이라는 사람도 있고, 열 번이라는 사람도 있다. 이제 교수가 말한다.

"다시 30초의 시간을 줄 테니 절대로 분홍색 북극곰에 대해서 생각하지 마세요, 절대로!"

외래에서 이렇게 말하면, 사람들은 1~2초 후에 묘하게 편안해진 얼굴로 당황하며 웃곤 한다.

"인간의 무의식에는 부정이 없다."

프로이트가 이미 백 년 전에 한 말이다. 우리는 분홍색 북극곰에 대해서 생각하려고 노력할 수는 있지만, 생각하지 않으려고 노력할 수는 없다. '분홍색 북극곰에 대해서 생각하지 말아야지'라고 생각할 때, 머릿속에 '분홍색 북극

　　　　　　　　　　　　　　　　　　불안

곰'이라는 단어가 떠오르자마자, 이미 분홍색 북극곰에 대해서 생각한 것이다.

따라서 불안에서 벗어나기 위해 불안에 대해서 생각하지 않으려고 노력할 일이 아니다. 이는 불가능할뿐더러 오히려 불안을 악화시킨다(덤으로 좌절감과 죄책감을 일으킨다). 불안해하는 내 마음을 있는 그대로 바라보면서 거기에 생각으로 기름 붓지 않고 타오르는 불이 스스로 꺼지도록 기다릴 수 있어야 한다. 불안 생각 안 하려다가 결국 더하게 되고, 불안해하는 자신을 자책하다가 더 불안해지지 않고. 이것이 현대에 가장 효과적인 불안 조절법 중 하나로 받아들여지는 마음챙김의 핵심이다.

오이디푸스 콤플렉스

불안을 이야기하면서 프로이트를 빼고 넘어갈 수는 없다. 인간 정신의 수많은 문제 중에서 프로이트는 불안을 가장 중요하게 여겼다. '오로지' 불안에만 관심이 있었다고 말해도 될 정도다.

프로이트에게 불안의 핵심은 거세 불안이었다.

남자아이가 엄마에게 자신과 같은 남근이 없다는 것을 알게 될 때, 아이는 자신도 엄마처럼 남근이 잘리는 벌을 받을 수 있다는 두려움을 품게 된다(고 프로이트는 주장했다). 이 두려움은 아이가 오이디푸스기를 지나 아빠, 즉 권위와 규범의 존재를 받아들이고 엄마를 소유하고 싶은 욕망을 포기하는 결정적인 계기가 된다.

프로이트는 이 거세 불안 덕택에 인간이 자신의 욕망을 어느 정도 포기하고 세상의 규칙을 마음속으로 받아들일 수 있게 된다고 썼다. 그러나 여성에게 이 거세 불안을 적용하려는 시도는 당연하게도 수많은 모순에 부딪힐 수밖에 없었고(남성들은 처음부터 엄마를 사랑하고 마지막까지 여성을 사랑한다. 그런데 왜 여성은 처음에는 엄마를 사랑하다가 아빠로 사랑의 대상을 바꾼단 말인가. 이런저런 이유로 이 논리를 합리화하려고 노력하지만 그게 다 사실 좀 억지스럽다), 이런저런 구차한 이론적 모색 끝에 말년의 프로이트는 "여자는 알 수 없다"라고 쓴다.

프로이트는 환자들을 분석하고 치료하면서 모든 사람들이 한때(프로이트는 서너 살 때라고 생각했다) 엄마를 사랑하고 연적戀敵으로서 아버지를 증오하는 시기를 거치는 것 같다고 생각하게 되었다. 그러나 아버지가 자신을 벌 주거나 해칠지도 모른다는 두려움(프로이트는 이를 '거세'라는 개념으로 상징적으로 표현했다) 때문에 아이는 이 사랑을 포기할 수밖에 없고, 대신 아버지와 동일시하는 것을 통해서 불안을 넘어선다고 보았다. 프로이트가 보기에 이 과정은 기원전에 살았던 그리스 극작가 소포클레스의 비극 『오이디푸스 왕』의 내용과 일치했다.

오이디푸스는 어린 시절 부모에 의해서 버림받은 후 다른 사람 손에서 자라다가, 우연히 아버지를 살해하고 어머니와 결혼해 아이를 낳지만(모두 부모인지 모르고 일어나는 일이다), 맹인 예언자 테레시아스를 통해 비밀을 알게 된 후 결국 자신의 손으로 두 눈을 찌른 후 왕국을 떠난다.

프로이트는 이 비극에서 오이디푸스가 부모에게 느끼는 감정이 보편적이라고 보았고 그래서 이 과정을 '오이디푸스 콤플렉스'라고 이름 지었다. 프로이트는 이 시기가 아이가 자라면서 욕망과 현실 사이에서 균형을 잡기 위해 반드시 필요한 과정이라고 생각했다. 어머니를 잃는 대신에 세상을 얻는 것이다. 그는 오이디푸스 콤플렉스라는 개념을 평생 소중하게 여겨서 『문명과 터부』에서는 인간의 문명 자체가 아버지를 살해한 아들들의 죄책감을 통해서 만들어진 것이라고 말하기도 했다(이 모든 일이 다 남성의 관점에서 이야기되고 있다는 것에 유의하자).

프로이트에게 불안은 이미 자아가 생겨나고 자신의 몸에 대해서 관찰하고 이해할 수 있을 정도의 인지능력이 생겨난 후에야 문제가 되는 일이었다. 그의 말이 옳다면 자기가 남자 혹은 여자라는 것을 알아야 불안해할 수 있으니까 말이다.

*

아직도 오이디푸스 콤플렉스를 이야기해야 하느냐고 묻는 사람들이 있다. 정신분석가들은 불안이 프로이트가 생각한 것보다 훨씬 더 이른 시기에도 존재한다는 것을 알게 되었고 이 때문에 오이디푸스의 중요성은 점점 더 줄어들 수밖에 없었다. 게다가 시간이 흐를수록 섹스에 그렇게 과도한 관심을 쏟는 게 촌스럽게 여겨지면서, 이상한 변태 성욕자의 상상처럼 보이는 이 개념은 점점 뒤로 밀려났다.

그러나 여전히 오이디푸스는 정신분석 세계에서 유효한 개념이다. 아직도 정신분석가들은 특정한 문제에 대해 고민할 때 오이디푸스라는 용어를 적용하는 것을 좋아한다(있어 보이기 때문만은 아니다. 물론 그런 이유가 없는 것은 아니다). 오이디푸스 콤플렉스라는 개념으로 우리가 다루는 인간 정신의 측면으로 대략 다음 세 가지를 꼽아볼 수 있을 것이다.

첫째, 아기에서 남자 혹은 여자로 바뀌는 순간에 대한 은유. 무성적 존재였던 우리(그래서 영어에서는 아기에게

'it'이라는 대명사를 쓴다)는 어느 순간 내가 '남자' 혹은 '여자'라는 사실을, 그리고 엄마가 '여자'라는 사실을 알게 된다. 성적인 존재가 되는 것이다. 그 순간 세상을 보는 우리의 틀은 은밀하게, 그러나 다시는 돌이킬 수 없도록 확연하게 변화한다.

둘째, 자신의 욕구와 충동을 사회적 요구에 맞춰 절충하기 시작하는 순간에 대한 은유. 아기는 자라면서 일을 저지르기 전(혹은 후)에 엄마의 표정을 확인하는 단계에 도달한다. 그러다가 어느 날부터 엄마 얼굴을 보기 전에 이미 내적인 죄책감(그것은 처음에는 내가 잘못했고 미안하다는 '생각'보다는 속이 울렁거리고 가슴이 철렁하며 두근거리는 '감각'에 가깝다)을 느끼기 시작한다. 내적 기준, 즉 초자아가 생겨나는 것이다.

셋째, 언어를 통해 느낌에서 생각으로 옮겨가는 시기에 대한 은유. 처음에 우리는 내 팔다리가 내 것인지도 모르는 아주 미숙한 존재로 태어난다. 잠들어 까무룩하게 사라졌다가 깨어나고, 먹고 마시고 느끼는 존재로서 순간순간을 지각하다가, 천천히 그 느낌들이 흐르는 시간 속에서 하나로 연결되면서 희미하게 자의식이 싹틀 터이다. 그러나 '나'라는 대명사를 배우는 순간, 그 확고하고 분명한 음성 속에서 내 존재는 고정되고 우리의 정신은 삶 속에 닻을 내린다. '나'라는 단어, 그리고 세상을 상징화하는 언어 속에서 우리는 완전히 새로운 세계를 발견하는 것이다. 언어라는 틀을 통해 세상을 인식하기 시작하는 그 돌이킬 수 없는 순간을 라캉은 오이디푸스 문제의 핵심으로 보았다.

이러한 극적인 변화의 순간에 경험하는 불안들을 후대 정신분석가들은 오이디푸스 불안으로 개념화하고 있는 것이다. 그러나 이 세 가지 불안을 경험할 만한 능력을 갖추기 위해서는 최소 2~3년 정도의 시간이 필요하기에, 이론가들은 그보다 더 이른 시기에 경험하게 되는 불안에 관심을 기울이기 시작했다.

위니코트의 불안

위니코트에게 거세 불안보다 훨씬 더 중요한 것은 멸절滅絶 불안이었다. 자신의 존재가 세상에서 사라져버릴지도 모른다는, 목숨이 걸린 극도의 불안(이에 비하면 오이디푸스 불안은 그냥 혼날까 봐 불안한 정도에 불과하다).

위니코트는 갓 태어난 아기가 무력하여 아무것도 스스로 할 수 없고 그리하여 모든 것을 엄마에게 기대고 있을 때 이 불안이 작동한다고 생각했다. 이 시기에 '충분히 좋은' 엄마에게 자라는 아이는 불안이 생겨나더라도 금방 안기고 위로받기 때문에 불안은 감당할 만한 수준에서 조절된다. 그러나 어느 선을 넘어가는 방임이나 학대가 있을 때, 엄마가 아이의 욕구를 민감하게 이해하고 이에 맞춰 반응해주지 못할 때, 불안은 자주 아이의 약한 자아가 감당할 수 있는 경계를 넘어 부풀어 오르고, 이는 멸절 불안을 일으킨다.

이 불안은 어쩌면 죽음보다 깊다. 죽음을 두려워할 때, 우리는 정신 혹은 영혼이 사라지는 것을 두려워하지만 그래도 최소한 '몸은 여전히 남는다는 느낌이 있다.'[2] 하지만 자신의 몸에 아직 충분히 자리 잡지 못한 아이들에게 멸절 불안은 '존재의 느낌' 자체를 상실하는 수준의 불안을 일으키고 이때 거기에는 남는 것이 아무것도 없다. 그리하여 멸절에 대한 위협은 '최악의 위협'이 된다.

일상적 단어와 은유를 통해 극도로 심오한 아이디어를 제시하는 위니코트는 이를 "엄마의 품에서 바닥으로 추락하는 경험"으로 표현했다. 깊은 뱃속이 울렁이는 그 아찔한 혼란과 공포, 맨바닥에 온몸으로 부딪히는 극도의 충격과 고통을 이보다 더 정확하게 표현할 수 있을까.

프랜시스 베이컨Francis Bacon의 그림들은 이러한 멸절 불안의 표현으로 읽어볼 수 있다. 1953년에 그린 〈이노센트 교황〉에서 교황(세상의 정신적 지도자인!)은 산산이 찢겨 어둠과 뒤섞이면서 추락한다. 이는 혼나고 벌 받아서 몸의 한 부분이 잘리는 정도의 문제가 아니다.

사느냐 죽느냐의 문제. 자아가 조각조각 흩어질지도 모른다는, 그런데 어떻게 할지 모르겠다는 극도의 무기력함이 주는 공포.

이 공포는 아이가 어른이 되어도 마음속 한구석에 남아 끊임없이 독한 냄새를 피워 올린다. 그래서 사랑하는 사람이 갑자기 굳은 얼굴을 할 때, 건강진단에서 작은 혹이 발견되었을 때, 차가 어두운 터널 속으로 진입할 때, 교실 뒤에서 애들이 왠지 이쪽을 보며 쑥덕거리는 것 같을 때, 시험에서 성적이 좀 떨어졌을 때, 우리를 갑자기 깊은 혼란 속으로 밀어 넣는다.

"엄마가 방에서 보이지 않을 때 우는 아이는 자기 자신이 사라질까 두려워서 우는 것이다. … 엄마가 있어야만 아이는 완전하게 살고 움직이고 자기 자신을 느낄 수가 있다. 왜 아이들은 밤에도 불을 켜기를 원하고, 잠들 때까지 부모가 옆에 앉아 있기를 원하는 걸까? 아마도 이는 아이가 자기 자신을 보거나, 다른 사람이 자기를 보고 있다는 것을 느끼지 않으면 겁에 질리기 때문일 것이다."[3]

프로이트가 묘사했던 '포르트-다 놀이'도 어쩌면 이러한 불안과 연관되어 있을 것이다. 프로이트는 우연히 손자가 실을 손에 쥐고 실패를 침대 뒤로 던졌다가, 실을 끌어 당겨 실패가 나타나는 놀이를 반복하는 것을 보았다. 프로이트는 아이가 엄마가 사라졌을 때 느끼는 불안을 이 놀이를 통해서 표현하고 처리하는 것이라고 보았다. 어린아이들이 까꿍 놀이를 지치지 않고 반복하는 것도 이와 비슷한 이유일 터이다(조금 더 자라면 숨바꼭질을 한다). 그러나 프로이트가 간과했던 것은 아이들이 두려워하는 건 단순히 엄마가 사라지는 게 아니라 자신이 사라지는 사태라는 사실이다.

엄마의 눈 그리고 수치

베이컨도 자신이 사라질까 봐(혹은 이미 사라져버렸을까 봐) 두려웠던 것일까. 그의 그림에서 반복되어 묘사되는 짓뭉개진 얼굴은 존재와 부재가 뒤섞인 그 깊은 불안의 표현이지 않을까.

위니코트는 베이컨의 얼굴에 대해서 자세하게 서술한 적이 있다. 그는 베이컨이 '엄마 얼굴에 있는 자신을 보고 있는 것'이라고 말한다.

엄마 품에 안겨 엄마를 바라볼 때, 우리 모두는 엄마 눈동자에 비친 나를 보게 된다(신생아의 눈은 이십 센티미터 정도의 거리를 가장 잘 볼 수 있다고 한다. 엄마 품에 안긴 우리 얼굴과 엄마 얼굴 사이의 거리가 딱 그 정도이다). 이는 우리가 보는 우리의 첫 모습이다. 이때 엄마 표정에 담긴 감정이 그 이미지에 심오한 영향을 미치고, 아직 어린 우리는(사실 어른이 되어서도) 엄마의 감정에 물들어 있는 나를 진짜 내 모습으로 인식한다.

위니코트는 베이컨의 그림에 "그와 우리들 모두를 성나게 하는 어떤 비틀림이 있다"고 말한다. 그러면서 베이컨이 무심한 엄마에게 "보이기 위해서 고통스럽게 노력하고 있다"라고 쓴다.[4]

베이컨의 혼란 밑바닥에는 엄마가 자신을 바라보지 않는다는 절망이 있다. 자신의 존재를 확인할 수 없다는 무력감과 엄마가 봐줄 만한 존재가 못 된다는 깊은 수치심이 있다(이사를 자주 다녔던 군인의 아내였던 베이컨의 엄마는 허영심이 많아 자주 파티를 열었고, 아들을 거의 돌보지 않았다고 한다). 우리는 거울 속에서 내 얼굴을 보지만, 그 시선엔 항상 나를 보는 엄마의 시선이 뒤섞여 있다. 그러므로 거울을 보고 뭔가 내 얼굴에 괜찮은 구석이 있다고 느껴진다면, 그건 내 얼굴이 잘생겨서가 아니라, 우리가 엄마의 눈에서 자신의 사랑스러움을 발견한 적이 있기 때문이다.

융 학파 정신분석가 메리 에이어스Mary Ayers는 『수치

프랜시스 베이컨, 〈자화상〉(1971)

어린 눈』에서 아이를 사랑스러운 눈으로 바라보지 못하는 엄마와 연관된 경험을 수치라는 감정과 연관해서 다룬다.

수치라는 감정의 역사를 들여다보면 흥미롭다. 오랫동안 사람들은 수치를 이차적 감정이라고 생각했다. 인류에게 감정이 얼마나 보편적인지를 평생 연구했던 폴 에크먼Paul Ekman은 오랜 연구 끝에 소위 기본 감정으로 기쁨, 슬픔, 혐오, 분노, 놀람, 공포를 들었다. 그리고 수치는 인지적 사회적 발달이 일어난 이후에 느낄 수 있는 감정이기 때문에 이차적 감정으로 분류했다.

프랑스 철학자이자 정신분석가인 줄리아 크리스테바Julia Kristeva는 서양 문화와 동양 문화를 죄책감의 문화와 수치의 문화로 구분한 적이 있다. 크리스테바에 따르면 서양에서 사람들은 내적 기준이 중요하다. 양심의 가책을 느끼고 죄책감에 반응한다. 그러나 타인의 시선에 예민하고 공동체를 중시하는 동양에서는 타인에게 어떻게 보이느냐가 더 중요하다고 말했고, 수치라는 감정이 핵심적 불안이 된다고 썼다.[5] 서른 살의 내가 책에서 느꼈던 것은 그러므로 서구가 더 우월하다는 뉘앙스였다.

하지만 에이어스는 상황을 뒤집는다. 에이어스는 갓 태어난 아기는 엄마의 눈을 통해 자신의 존재를 확인한다고 말한다. 아기는 엄마의 얼굴 표정을 통해 자신이라는 존재의 의미를 감지한다. 사랑으로 가득한 엄마의 눈을 바라보면서 자신이 사랑스럽다는 것을 느낀다. 반대로, 무력감으로 텅 빈, 혹은 분노로 이글거리는 엄마의 눈을 바라보면서 아이는 자신의 존재가 무의미하다는 것, 혹은 추하다는 것을 감지한다.

여기서 수치가 생긴다. 자신이 사랑받을 만한 존재가 아니라는, 추한 존재일지도 모른다는 깊은 상실감과 무력감 그리고 분노가 뒤섞인 복잡한 감정.

내가 나를 아는 것은 애당초 타인을 통해서 이루어지는 것이다.

에이어스에게 수치는 사람들이 빤히 쳐다볼 때 얼굴에 뭐가 묻었는지 신경 쓰이는 불편함이 아니다. 혹은 길바닥에 쓰레기를 버리거나 무단으로 횡단보도를 건널 때 느끼는 뱃속의 울렁거림도 아니다. 땅속으로 들어가고 싶을 만큼, 세상에서 사라지고 싶을 만큼 마음속 깊은 곳에서 날카롭게 느껴지는 강렬한 고통이며, 나라는 존재 자체에 대한 치명적 의심이다. 우리가 자존감이라는 표현을 통해서 다루는 고통과 불안의 상당 정도가 이 수치의 영역에 속한다.

문제는 멸절 불안이 그렇듯, 이 수치라는 감정은 우리가 언어를 배우고 사건을 기억하는 능력이 생기기 이전에 생겨난 것이라, 생각과 다짐으로 접근하는 것이 거의 불가능하다는 데 있다.

스스로 못생겼다고 믿는 사람에게 제아무리 예쁘다고 말해줘도 그 믿음이 바뀌지 않고, 제아무리 성형 수술을 많이 받아도 나만 수술이 실패한 것 같고 부족한 것 같다고 느끼는 것은 바로 이 때문이다.

이렇게 아이가 자신을 바라보는 엄마의 눈에서 사랑을 발견하지 못할 때, 그 경험은 자신에 대한 수치심으로 변한다. 이 수치심은 존재의 가장 깊은 중심을 파먹고 자란다.

태어나고 한참 후에 체면을 배우면서 익히는 감정인 줄 알았던 수치가 이렇게 보면 가장 깊은 불안에 맞닿아 있는 원시적 감정이 된다. 그리고 이는 어떤 면에서 인간 존재에 대한 인식론적 중심이 바뀌고 있는 현상과 일치한다. 전통적인 서구철학이 개인의 주체성을 우선시했다면, 이제 뇌과학, 발달심리학, 사회학 등 모든 학문에서 우리 존재의 핵심은 관계라고 생각하기 시작하고 있지 않은가.

느낄 수 있지만 겪을 수는 없는

영화 〈반지의 제왕〉에 등장하는 사우론의 탑을 떠올려보자. 어두운 악의 대지 중심에 아주 높은 탑이 서 있고 탑 꼭대기에는 모든 것을 내려다보는 활활 불타오르는 눈이 있다. 그 커다란 눈은 스스로 이글거리며 빛을 사방으로 쏘아내지만, 신기하게도 사위는 밤낮없이 어둡다. 그리고 역설적이게도 영화의 마지막에 눈이 파괴되고 눈빛이 소멸하자 세상은 밝아진다.

악의 상징이 눈이라니 이상하지 않은가.

그러나 우리는 전혀 위화감 없이 이 악의 상징에 마음 깊이 공감한다. 그 깊은 공포를 함께한다.

눈의 공포, 바라보아진다는 공포.

여기 나를 사랑하지 않는 어머니의 눈이 있다.

사우론을 무너뜨리기 위해서 프로도는 결국 절대반지를 품속 깊이 지니고 악의 탑을 향한다. 악을 피해 멀리 도망치지 않고, 활활 타오르는 저 눈빛을 피하거나 무시하지 않고, 정면으로 바라보며 다가간다. 그러면서 그 모든 고통을 온몸으로 겪어낸다.

비온Wilfred Ruprecht Bion은 정신적 고통을 느낄feel 수는 있지만 겪을suffer 수는 없는 사람들에 대해서 말했다. 그에게 치유의 핵심은 마음의 고통을 외면하거나 회피하거나 억압하지 않고, 환상으로 대체하지 않고, 생각으로 속이지 않고, 있는 그대로 겪어내는 경험이었다. 마치 프로도가 탑의 꼭대기에서 온 세상을 녹일 듯한 용암(과 같은 눈빛)에 맞닥뜨리고 반지를 던져 넣고 나서야, 마침내 세상의 고통이 끝나고, 프로도 역시 마음의 평화를 찾았듯 말이다.

그렇다면 이 영화는 불안과 두려움에 대처하는 건강한 방식에 대한 은유가 아닐까.

정신분석가 마이클 아이건Michael Eigen은 이렇게 말했다.

"만약 우리가 가장 두려운 것에 도달하는 데 실패한다면, 우리는 우리 존재 안에서 가장 개인적인 것을 놓치게 될 것이다."[6]

*

세잔의 인물화에서 우리는 비슷한 증거들을 발견한다. 그의 〈자화상〉을 보자. 서구의 전통적 자화상과 달리 이 그림에서 세잔은 스스로를 보지 않는다(못한다). 오른쪽 눈은 뒤틀려 허공의 어딘가를 응시하고 왼쪽 눈은 사시斜視처럼 혹은 눈동자를 그리던 손이 떨린 것처럼 짓뭉개져 있다. 화가 자신이 스스로를 바라보는 시선을 견딜 수 없다는 듯 말이다. 세잔의 다른 많은 초상화에서도 그림 속 인물은 눈이 자주 짓뭉개져 있거나 초점이 흐리다.

세잔은 한 번도 초상화에 자연스러운 표정을 담아본적이 없었다. 〈화상 앙브루아즈 볼라르의 초상〉에서도 나타나듯 그림 속 사람들은 하나같이 무표정한 얼굴로 모든

폴 세잔, 〈팔레트를 든 자화상〉(1890)

감정과 인간적 뉘앙스를 상실하고 가면같이 딱딱한 피부 속에 갇혀 있다. 여기서 조금 더 위니코트 식으로 나아간다면, 저 얼굴은 결국 엄마의 얼굴일 것이며, 엄마의 얼굴에 반영된 세잔의 얼굴일 터. 세잔은 깊은 편집적 두려움 속에서 사람을 피해 액스(세잔이 살았던 동네 이름이다)에 숨어 살았다. 그리고 불안과 결핍 속에서 캔버스 뒤에 얼굴을 감추고 생 빅투아르 산(다행히 풍경에는 눈이 없다)을 죽을 때까지 바라보았다.

피카소는 "우리의 관심을 끄는 것은 세잔의 불안이다. 그것이 세잔의 교훈이다"라고 말했다. 하지만 죽은 인간을 그린 〈해골 피라미드〉를 보면, 살아있는 인간의 얼굴을 그릴 때의 불안은 온데간데없다. 세잔은 다시 편안하고 단호하게 깊은 해골의 눈두덩을 정밀하게 묘사한다.

두려운 낯섦

마지막으로 프로이트가 이야기한 또 하나의 흥미로운 불안이 있다. 프로이트는 1919년 "두려운 낯섦das Unheimliche"이라는 제목의 논문을 발표했다(영어로는 '언캐니uncanny'라는 형용사로 번역한다). 여기서 프로이트는 우리가 일상생활에서 느끼는 뭔가 섬뜩하고 낯설고 무섭지

폴 세잔, 〈화상 앙브루아즈 볼라르의 초상〉(1899)

만, 동시에 어딘지 모르게 친숙하고 쉽게 잊기 어렵고 이유를 알 수 없이 끌리는 감정의 근원을 탐색한다. 프로이트에게 이러한 '언캐니'한 느낌이 생길 수 있는 상황들은 "생각의 전능성, 욕망의 순간적인 실현, 숨어있는 해로운 힘들, 죽은 자의 돌아옴"과 같은 것과 연관되어 있다.[7] 프로이트는 이렇게 썼다.

"두려운 낯섦이라는 감정은 … 오래전부터 알고 있었던 것, 오래전부터 친숙했던 것에서 출발하는 감정이다. … 같은 것이 반복해서 회귀함으로써 무언가 이상하게 불안한 것이 생긴다."[8]

이 논문에는 프로이트의 가장 유명한 일화 중 하나가 나온다. "침대차에 홀로 앉아 여행을 하고 있는데 그날따라 유난히도 기차는 덜컹거렸고 그 충격에 바로 옆에 있는 화장실로 통하는 문이 저절로 열려버렸다. 그러더니 잠옷 차림의 한 중년 신사가 머리에 여행용 모자를 쓰고 내 방으로 들어오고 있었다. 처음에는 두 객실 사이에 있는 화장실을 나서다가 착각을 해서 방을 잘못 찾았겠거니 생각을 했다. 그래서 나는 그에게 일러주려고 자리에서 일어났다. 그런데 그 순간 나는 내 방으로 들어온 그 사내가 중간 문에 달려 있는 거울에 비친 내 모습이라는 것을 알았다. 얼마나 놀랐을 것인가. 기억하건대 내 방에 들어오던 그 사내는 정말로 혐오스러웠다. … 우리가 처음에 느꼈던 혐오감은 그 옛날 어린 시절에 우리가 자신의 분신을 이상하게 두려운 것으로 무서워하며 보였던 반응이 여전히 남아 있었기 때문에 가능했던 것이 아닐까?"[9]

이 일화는 자세히 읽어보면 생각보다 더 기묘하다. 무엇보다도 어떻게 앉아 있던 프로이트가 걸어 들어오는 자신을 본다는 말인가!

그래서 엄마가 등장하는 귀신 이야기가 가장 무섭다. 가장 익숙한 것이 가장 낯설고 두려운 법이다.

"내가 아직도 엄마로 보이니?"

우연히 듣게 되는 자신의 목소리가 불편하고 이상하게 불쾌한 이유이다.

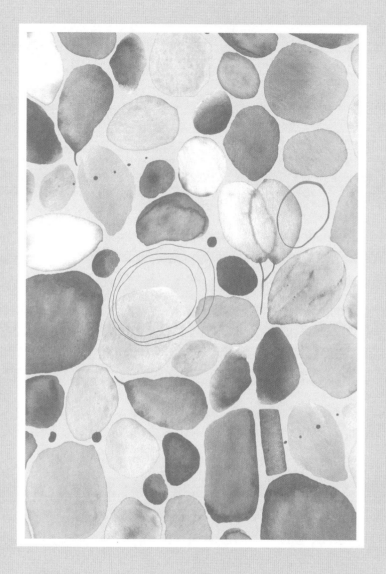

part 3

세 번째 얼굴
분노

"그러니, 나는 입에 발린 낯간지러운 말이 판을 치는
세태를 즐길 연인으로 성공하기에는 틀려먹었으니,
차라리 악당이 되어 오늘날의 이 어리석은 쾌락을
저주해주고 말 테다."
—셰익스피어, 『리처드 3세』

*

　아침에 머리를 감고 있는데 갑자기 네 살배기 둘째 아들이 화장실 문을 열고 장난을 치기 시작했다. 혼자서 재밌다는 듯이 웃기에 무슨 짓을 하나 봤더니 내복을 내리고는 고추를 드러내면서 재밌다고 깔깔 웃는다.

　위반의 불안과 그만큼의 쾌감.

　순간 화가 난 나는 거실에 있는 여덟 살 큰아들 이름을 크게 불렀다. 큰아들이 가르친 짓이 분명했다. '또 혼나겠구나' 직감하며 굳은 얼굴로 나타난 큰아들에게 물이 뚝뚝 떨어지는 와중에 눈을 치뜨며 다시는 그런 거 가르치지 말라고 버럭 소리를 질렀다. 아들은 '아, 아빠가 싫어하는 장난이구나' 하는 것을 기억해내고는 시무룩하게 제 방으로 갔다.

나는 얼굴이 벌게지고 심장이 두근거리고 머리 위로 열기가 스윽 올라왔다가 천천히 스러지는 것을 느끼면서 거품을 씻어냈다. 조금씩 후회가 밀려온다. 굳이 그렇게 큰 소리치고 윽박지를 필요는 없던 거였다. 그렇지만, 그 순간 큰아들이 여섯 살 때 유치원 통학버스 안에서 장난으로 바지를 내렸다가 선생님에게 전화가 왔던 일이 떠올랐던 것이다. 그때 느꼈던 나(아들이 아니라)의 부끄러움이 분노 밑에 있었다.

머리 닦고 옷 입고 나오니 아들은 금세 혼났던 것을 잊고 동생과 장난을 치고 있다. 화가 밀려난 자리에 앙금처럼 남은 복잡한 감정들을 들여다본다.

상처받은 마음이 있다

얼마 전 기사 제목이 하나 눈에 띄었다.

"분노 공화국, 순간 욱해서 살인 1년 400건."

기사에 따르면 2017년 발생한 살인사건 중 44퍼센트가 우발적 분노로 인한 범행이고, 분노조절장애 진단이 지난 4년 사이 21퍼센트가 증가해서, 정신과 질환 중 가장 높은 증가율을 보였다고 한다.

실제로 진료실에서 만나는 많은 사람들이 자신 혹은

부모님이나 자녀가 분노조절장애인 것 같다며 상담을 원한다. 지난 1~2년 동안 청소년들 사이에서 자해가 대유행하는 현상도 같은 문제의 일부일 것이다.

우리 사회는 어쩌다가 이렇게 자신과 타인을 향한 강렬한 분노를 배양하게 된 것일까?

분노는 가장 흔한 '이차 감정'이다. 특정한 상황에서 일어나는 원래 감정이 아니라, 어떤 감정을 감당하기 어려워 나도 모르게 그 감정을 지우고 덮기 위해서 동원하는 대체 감정이라는 뜻이다.

나의 경우 분노 밑에는 수치(일차 감정)가 있었다. 또 다른 많은 경우 무력감이 있고 불안이 있다.

우리는 자신이 무력하다는 사실을 받아들이기에는 너무 약하다. 내가 못나서 사랑받을 만한 사람이 못 된다는 사실을 인정하기에는 너무 여리다. 어쩔 줄 모르겠는 혼란을 있는 그대로 가만히 지켜보기(그걸 가장 잘하는 사람이 바로 셰익스피어라고 키이츠는 말했다. 그리고 비온은 정신분석가가 가져야 할 가장 중요한 덕목으로 이를 언급했다)에는 너무 무르다. 그래서 화를 낸다.

화를 내는 순간의 강렬한 에너지 덕분에 우리를 괴롭히는 저 날카로운 감정들은 잠시 희미해진다. 잠깐 괜찮은 것 같다. 내가 단단한 것 같고 강한 것 같다는 미묘한 확신이 우리를 위로한다.

어쩌면 우리가 더 많이 분노하게 되었다는 것은 우리가 더 많이 좌절하고 불안해하고 수치스러워하고 있다는 뜻일지도 모른다. 더불어 상황이 해결 불가능할 때, 사용가능한 유일한 감정이 분노일 때가 많다는 사실도 연관되어 있다는 생각이 든다. 코너에 몰린 쥐가 고양이를 공격하듯이 말이다.

아우구스트 스트린드베리Johan August Strindberg의 짧은 희곡 〈줄리 아씨〉에서 남자 하인은 우연히 하룻밤을 함께 보낸 후 자신을 경멸하는 귀족 여인에게 화를 내며 이렇게 말한다.

"그럼 인간답게 구세요. 저한테 침을 뱉곤, 닦지도 말라고요?"[1]

수치를 닦는 데는 분노만 한 게 없다. 그렇기 때문에 우리가 분노에 대해서 양가적인 태도를 취하는 것인지도 모르겠다.

지금으로부터 약 삼천 년 전에 쓰인 인류 최초의 이야기 중 하나인 호메로스의 『일리아스』는 제1권 "아킬레우스의 분노"로 문을 연다. 이 상징적 시작에서 볼 수 있듯 이야기는 그 전체가 아킬레우스의 두 번의 분노—아가멤논의 처사에 대한 분노와 파트로클루스의 죽음에 대한 분노—

를 둘러싸고 서술된다.

이렇게 분노는 인류의 가장 오랜 이야기에서부터 핵심적 주제인 듯 보이지만, 한 겹 들춰보면 사실 처음의 분노는 제대로 대접받지 못했다는 사실에 대한 수치이며, 두 번째 분노는 깊은 상실감에 대한 반응이다.

분노라는 강렬한 감정과 이야기 전체에서 반복되는 잔인하고 자극적인 싸움의 묘사(사실 고전이라고 이 서사시를 아이들에게 보여주는 것은 좀 민망한 일이다. 인체를 난도질하는 과격한 19금 표현들이 끊임없이 등장하기 때문이다) 밑에는 이렇게 상처받은 마음이 있다.

분노 중독

학교를 자퇴하고 집에 있는 십 대 후반의 J는 화가 날 때면 자신의 목을 조르고 배와 허벅지를 손톱으로 긁어 상처를 냈다. 머리를 벽에 쿵쿵 박았다. 그리고 거울 속의 자신에게 '돼지'라고 욕했다. 자신에게 그렇게 화를 내는 순간에 대해 J는 이렇게 말했다.

"화를 내면 조각조각 찢어발겨진 종잇조각 같은 내가 그 순간엔 화르륵 하나로 모이는 것 같아요."

마치 만화 〈드래곤볼〉에서 손오공이 좌절하고 분노할

때 마침내 하얗게 타올라 초사이언인이 되듯 말이다.

분노는 어떤 때는 나를 지키는 갑옷이 되고, 잠깐이나마 나를 살리는 양분이 되며, 잠시 버티게 도와주는 강장제가 된다. 그러나 나를 되살리는 것 같은 분노도 자꾸 의지하다 보면 중독이 된다. 분노 자체가 마치 알코올처럼 습관이 되어 만족을 위해서는 점점 더 많은 양이 필요하게 되는 것이다. 말 안 듣는 저 아들놈 때려야 말을 듣는다는 아빠들이 그렇다.

네 살 때 부모님이 이혼하면서 여덟 살까지 할머니와 살았던 초등학교 2학년 M군은 학교에서 반복되는 도벽 때문에 외래에 왔다. 아이는 친구 지우개나 예쁜 연필에서 시작해서 가방 속에 넣어놓은 친구들 용돈을 훔쳤고, 결정적으로 책상 서랍 속 선생님 지갑에서 오만 원을 훔치는 것이 CCTV를 통해 발각되었다. 문제는 일 년째 반복되고 있었는데, 아이는 훔친 물건을 책상 서랍 속에 모아놓았고 돈이 생기면 학교 앞 문구점에서 과자를 사서 친구들과 나눠 먹었다.

공단에서 교대근무를 하는 M의 아빠는 처음에는 아이 용돈도 올려 주고 훈계도 해보았으나 효과가 없자 아이를 때리기 시작했다. 훔쳤다는 이야기를 들으면 불러 앉히고 혼을 냈는데 왜 훔쳤는지 이유를 묻는 질문에 아이가 뚱한 표정으로 모르겠다고 하면 자기도 모르게 손이 나갔다. 처음에는 그냥 손바닥을 때리는 정도였으나 나중에는 뺨을 때리고 머리를 쥐어박다가 발로 차기도 했다. 아빠는 체벌을 말리는 아내를 비난하면서 '당신이 만만하게 대하니 애가 더 그런다'고 호통을 쳤다. 그러면서도 요즘에는 아이를 때릴 때 이성을 잃어버리는 것 같다는 점은 인정했다.

버르장머리 없는 아들을 때리기 시작한다. 잘못했다고 빌고 그 순간에는 얌전해지니 역시 혼을 내길 잘했다 싶다. 한 살 한 살 나이를 먹고 몸집이 커가는 아들(그리고 모든 아들이 언젠가는 아빠보다 강해진다는 것을 기억하자)은 점점 말을 안 들을 수밖에 없다.

맞았으니 이미 벌은 받았고 대가를 치렀으니 죄책감을 느낄 필요가 없다. 반성할 이유도 미안해할 필요도 없으니 행동은 다시 반복된다. 더 크게 더 심하게. 그만큼 아빠는 화르르 불타오른다.

'한번 제대로 맞아봐야 정신 차리겠구나, 네가. 어리다고 봐줬더니 이놈이 무서운 게 없구나. 네가 얼마나 잘못했는지 한번 느껴봐라.'

정의감(그리고 좌절감)에 휩싸인 아빠는 더 세게 매를 휘두른다. 바로 그 정의를 구현한다는 감정 자체가 우리 뇌의 보상회로를 건드린다. 도파민이 뿜어져 나오고 아빠는

분노

미묘한 쾌감을 느낀다.

오롯하게 내가 일어서는 기분.

밖에서는 내가 돈도 못 벌고 마누라에게 구박받고 상사한테 비난당하는 찌그러진 인생이지만, 지금은! 아들을 가르치는 지금은! '정의를 구현하고 있다!'는 감정에 중독된다. 그 중독적인 분노가 아빠를 몽롱하게 만든다(그리고 얼마 지나지 않아 아이가 세상에 그 분노를 되돌려주게 만든다).

실제로 연구자들에 따르면 공격적 행동은 인간 뇌에 있는 보상센터를 자극하는데, 거기에 더해 이미지 연구들을 보면 우리가 처벌 행위를 할 때 활성화되는 뇌 부위는 불법 약물 복용 시 활성화되는 영역과 겹친다고 한다. 중독적인 기분 좋은 만족감이 온몸을 감싸는 것이다. 양육에 대한 고전인 『카즈딘 교육』에서 저자 앨런 카즈딘Alan Kazdin은 이렇게 말했다. "많은 부모들에게 행동을 없애기 위해서 아이를 처벌하는 것은 처벌 고유의 내적 보상에 의해 유지된다."

흥미로운 것은 우리가 복수를 하는 순간에도 우리 뇌의 보상회로가 작동한다는 사실이다. 초법적으로 원수를 응징하는 누아르 영화에 사람들이 은근히 쾌감을 느끼는 이유다. 그리고 충분히 사랑받지 못하고 자라 자존감이 낮고 세상 사람들 앞에서는 항상 눈치 보는 부모가 집에서 애들에게 그토록 엄격하고 가혹해지는 이유도 일부는 여기 있다.

마이클 아이건이 서술한 적 있듯, 복수 역시 자신이 "온전하고 순수하다고 느끼기 위한 하나의 방식"이며, "독소를 우리 마음으로부터 제거하고자 하는 시도"인 것이다.[2]

『정서심리학』교과서에서도 분노에 담긴 이 미묘하고 복잡한 정서들이 정확하게 서술되어 있다.

"많은 사람들은 화가 난 상태를 즐긴다. 따라서 분노를 부정적인 정서로 기술하는 것은 잘못이다. 그보다는 분노와 싸움을 각성과 흥분, 승리, 승리할 때의 기쁨, 성공하지 못했을 때의 슬픔과 고통을 창출하는 잠재력이라고 생각하는 것이 더 정확할 것이다."[3]

생각보다 많은 사람들이 이렇게 화내는 것을 즐긴다. 그리고 화낼 수 있는 상황을 반긴다.

식당에서 밥을 먹는데 반찬에서 머리카락이 나왔다고 치자. 우리는 화르륵 타오른다. 종업원을 불러 열띤 목소리로 사장 나오라고 소리를 지른다. 그때 우리는 괴로운가, 즐거운가? 혹시 반찬 속 머리카락이 반가운 건 아닌가?

이른바 '갑질'에 대한 공공연한 분노도 비슷한 측면이 있다. 세상에 더 나쁜 일도 많은데 유독 갑질에 대해 사람들이 가차 없이 분개하는 이유는 무엇일까? 가진 자의 횡포에 대한 분노는 정의 구현에 동참한다는 오롯하고 뿌듯한 기분을 준다. 미묘한 것은, 사실 갑질이란 게 (그럴 기회만 주어진다면) 우리 대부분에게 참으로 짜릿하고 즐거운 일일 것이라는 데 있다.

유아적 전능성에 가까운 우월감을 누리는 것을 진심으로 싫어할 수 있는 사람이 과연 세상에 얼마나 될까? 비판과 보복에 대한 두려움만 면제된다면 말이다.

갑질이 이토록 이슈가 되는 이유는 갑질이 나쁜 짓인 만큼 매혹적인 일이기 때문인지도 모른다. 그렇다면 갑질을 응징하고자 하는 열정의 배후에는 시기심이 작동하고 있다고 보는 것이 정확할 것이다.

시기심, 공격자와의 동일시

오래전 멜라니 클라인은 질투와 시기를 구분하여 정의한 적이 있다. 클라인에 따르면 나에게 없는데 너에게 있는 것을 '가지고' 싶다면 질투이다. 그러나 나에게 없는데 너에게 있는 것을 '파괴해버리고' 싶다면 그것은 시기이다. 너에게 있고, 나에게 없다면, 차라리 아무도 없는 게 낫다.

원시적인 공격성이 스며 있는 시기라는 감정은 그만

큼 더 강렬하고, 더 아프고, 더 짜릿하다. 그래서 우리는 사촌이 땅을 사면 배가 아프다.

문제는 시기라는 감정이 대상뿐 아니라 우리 자신을 좀먹고 우리의 내면을 파괴해 간다는 데 있다. 케이트 배로스Kate Barrows는 시기심에 대한 책에서 이렇게 적었다.

"자기가 원하는 무언가를 가지고 있는 사람을 공격하는 것은 그 사람과 관계를 맺고 그 사람으로부터 무언가를 받아들일 수 있는 자신의 능력도 공격하지 않고는 불가능하다."[4]

시기심에 휘둘리다 보면 점점 내면은 황폐해져 갈 수밖에 없다.

부모와 자식 간에도 시기는 미묘하게 영향을 끼친다. 힘든 가정에서 자라는 많은 아이들이 커서 부모가 되면 절대로 내 부모처럼 행동하지 않겠노라고 다짐한다. 그리고 실제로 결혼하고 아이가 태어나면, 너무도 열심히 양육에 헌신한다. 그런데, 아무리 노력해도 내 자식도 타인인지라 내 맘대로 되지 않고, 원하는 '완벽한' 부모가 될 수도 없다(완벽한 부모의 함정은 이들이 저도 모르게 자식도 완벽한 아이가 되기를 바란다는 데 있다. 물론 이는 둘 다 불가능하다). 그 순간 이상하게 분노가 터져 나온다. 아이에게 제발 징징거리지 좀 말라고, 엄마가 할 만큼 하지 않았느냐고 소리를 버럭 지른다.

이때 엄마 마음속 어딘가에는 나는 받지 못한 것을 너는 받고 있는데, 내가 이렇게 노력하는 덕에 넌 나보다 행복한데 왜 이 정도밖에 행동을 못 하느냐는 은밀한 시기심이 작동한다.

아이는 소리 지르는 엄마에게 놀라 불안해지고, 불안할 때는 일차 양육자를 찾아가라는 애착 본능의 명령에 따라 엄마에게 더 엉겨 붙고, 엄마는 징징거리는 아이 때문에, 그리고 완벽한 엄마가 되는 데 이번에도 실패했다는 좌절감과 내가 싫어하는 엄마 같은 행동을 해버렸다는 죄책감 때문에 더 화가 난다.

✻

자식을 향한 이상하게 강렬한 분노의 가장 많은 지분을 차지하는 것은 '공격자와의 동일시'라는 기전이다.

큰아들이 네 살쯤 되었을 때 모리스 샌닥의 그림책 『괴물들이 사는 나라』를 처음 읽어준 적이 있다. 아이는 그날따라 집중해서 들었다. 내가 마지막 장을 덮으며 "끝" 하자, 녀석은 잠깐 골똘해졌다가 "우리 한 번 더 읽자"고 했다. 책 속의 뭔가에 매혹당하는 눈치였다. 벌써 이런 나이가 되었나 대견하기도 하고, 어떻게 더 반응할지 궁금하기도 해서 "그래" 하면서 맨 앞 장을 다시 펼치자 아들은 갑자기 벌떡 일어나 옆방에서 피아노 치고 있던 엄마한테 뛰어가면서 이렇게 외쳤다.

"엄마! 나 괴물 무서워, 그래서 나도 '어흥' 할 거야!"

'공격자와의 동일시' 기제를 처음 개념화한 사람은 프로이트의 막내딸 안나 프로이트였다. 이제는 고전이 된 『자아와 방어기제』에서 안나 프로이트가 드는 일화도 재미있다.

"소녀는 귀신을 만날까 두려워 어둑해지면 도저히 거실을 지나갈 수 없었다. 그러다가 문득 한 가지 꾀를 내었고 이후로는 거실로 다닐 수 있게 되었다. 소녀는 온갖 괴이한 몸동작을 하며 거실을 뛰어 지나곤 했다. 얼마 후 소녀는 자신이 불안을 어떻게 극복했는지 자랑스럽게 동생에게 이야기했다. '거실에 가는 걸 더 이상 두려워할 필요가 없어. … 내가 마주칠지도 모르는 귀신인 척 행동하면 돼.'"[5]

우리 엄마는 착해요

맞고 자란 아이들은 고통과 무력감과 수치심을 없앨

방법을 무의식적으로 찾는다. 이때 작동하는 것이 바로 공격자와의 동일시 기전이다. 아이는 아빠처럼 엄마처럼 행동하기 시작한다. 어릴 때는 반에서 어딘가 약해 보이거나 어리숙해 보이는 친구들이 대상이 된다. 집에서 자신이 당했던 것처럼 그 친구들을 비난하고 욕하고 발로 차고 찍어 누른다.

폭력적인 아이는 강하기 때문에 주먹을 쓰는 게 아니다. 오히려 그 반대다. 폭력의 배후에는 상처와 무기력과 두려움이 있다.

마음이 튼튼한 아이들은 굳이 타인을 괴롭히는 방식으로 감정을 해소할 필요가 없다. 어린 시절의 상처가 어른의 마음속에 어떤 흔적을 남기는지를 평생 탐색했던 앨리스 밀러Alice Miller는 이렇게 말한다.

"자기보다 작고 약한 사람들을 무시하는 것은 무력함에 대한 자기 감정을 회피하는 데 가장 좋은 방어이다. 그것은 분열된 약함의 표현이다."[6]

이 아이가 커서 어른이 되면 이제 당연하게 그 공격의 대상은 자식이 된다. 감정은 여기에서 가장 격렬하게 터져 나온다. 한때 아들이었던 아빠는 자기를 때린 아버지와 동일시하면서 어릴 때 쌓인 감정을 저도 모르게 아들에게 쏟아붓는다. 밖에서는 예의 바르고 착하고 저만한 사람 없다는 사람이 집에 들어와서는 아이를 비난하고 쥐어박고 뺨을 때리고 욕을 퍼붓는다. 그리고 진료실에 앉아 세상에서 아이만큼 사랑하는 사람은 아무도 없는데, 아이만큼 잔인하게 대하는 사람도 없다고 눈물을 흘린다.

반대로 부모를 가장 미워하고 싫어하는 사람, 함부로 대하고 짜증 내고 욕하는 사람도 내 자식이 되기 쉽다. 그런데 상식과는 달리 부모에게 달려들고 함부로 대하는 아이들은 대개 학대받거나 방임당한 아이들이 아니다. 오히려 학대받은 아이들은 부모를 싫어하지 않는다. 진료실에서 부모님에 대해서 물으면 이들은 전형적으로(너무도 똑같이) "우리 엄마는 착해요"라고 말한다. 그런데 어떻게 착했는지 어떤 면이 좋았는지 물으면 대답하지 못한다. 밥을 해줘서 혹은 용돈을 줘서 착하다고 한다. 엄마랑 함께 즐겁고 행복했던 기억을 구체적으로 물으면 잘 기억이 안 난다고 말한다.

그리고 이렇게 덧붙인다.

"물론 우리 엄마가 가끔 나를 때리고 좀 심한 욕을 하시기는 했어요. 그렇지만 다들 그렇지 않나요? 보통 엄마들 다 그러던데? 그리고 그때는 엄마가 좀 힘드셨어요."

　　　　　　　　　✻

　　삼십 대 중반의 전문직 남성 G씨는 1년 전 이혼한 후 다시 어머니와 함께 살고 있었다. G씨는 초등학교 때 부모님이 이혼한 후 아버지 얼굴을 본 적이 없었다. 기억 속에서 부모님은 항상 다투고 소리 지르고 물건을 던졌다. 이혼 후에 G씨는 어머니가 매일 저녁 풀어놓는 아버지에 대한 비난과 세상에 대한 분노와 하소연들을 혼자서 들어야 했다.

　　깊은 만성적인 우울과 자살에 대한 생각으로 병원을 찾은 G씨는 어머니와의 관계를 탐색하는 것을 극도로 어려워 했다. 다른 사람에게 엄마에 대해서 이야기하는 게 너무 불편하고 엄마 얼굴 보기가 미안해서 견딜 수 없었다. 엄마는 아무것도 해준 것도 없고 자기에게 너무나 많은 고통을 주었으며 지금도 매일같이 집에서 싸우기만 하지만, 뭐 엄마들이 다들 이런 거 아니냐고 엄마가 그토록 반대한 이혼을 결국 저지른 자신이 문제가 있는 것 아니겠느냐고 했다.

　　치료가 진행되면서 G씨는 결국 엄마에 대한 복잡한 감정들을 만났다. 그래서 가끔 '아, 내가 우리 엄마에게 섭섭했구나', '우리 엄마가 좀 심하긴 했구나' 하는 감정들에 잠시 접촉하다가도 방심한 치료자가 은근히라도 부모를 비난할라치면 갑작스레 화를 냈다.

"아니, 우리 엄마도 불쌍한 사람이라구요!"

학대받고 자란 이들의 분노와 자학 문제를 다루는 데이비드 첼라니David Celani의 책 『사랑의 환상』을 보면 이런 이들의 마음속이 명료하게 표현되어 있다. 첼라니는 이렇게 쓴다.

"아동이 고통받는 가장 큰 외상은 근본적으로 자신의 어머니로부터 사랑받고 있지 않다고 느끼는 것이다."

그렇기에 아이들은 내 부모가 나쁘다고 생각하느니 차라리 자기가 사랑받을 만하지 못하다고 생각하기를 선택(물론 무의식적으로)한다. '우리 부모는 착한 사람들이다. 내가 못났기에 사랑받지 못하는 것이다'라고 생각하는 것이 '나를 낳은 부모가 사실은 부모 자격이 없는 사람이다'라고 생각하는 것보다 더 낫기 때문이다.

부모는 내가 바꿀 수 없지만, 나는 바꿀 수 있으니까. 부모가 나쁜 사람이라는 것을 깨닫는 것은 어리고 무력한 아이에게는 세상이 무너지는 절망일 테지만, 내가 못난 건 변화의 가능성이 있을 테니까. 희망을 지키기 위해 아이는 분노의 화살을 자기에게 겨눈다.

부모를 함부로 대하는 아이들은 그래도 조금이라도 더 사랑받은 (그러나 충분히 사랑받지는 못한) 아이들이다. 이런 아이들에게는 최소한 신뢰가 있다. 내가 아무리 화내고 욕하고 버르장머리 없이 굴어도 엄마는 나를 사랑할 것이라는 믿음. 나를 버리지 않을 거라는 믿음.

그래서 이들은 세상에서 버림받을까 두려워 집 밖에서는 눈치를 보고 전전긍긍하고 불안해하다가, 거기서 쌓인 좌절감들을 집으로 가지고 들어와 엄마에게 거칠게 쏟아낸다. 위니코트는 이렇게 썼다.

"아동이 자신의 가장 깊은 내면을 발견할 수 있으려면 그가 누가 됐든 아동이 도전할 수 있고 미워할 수 있는 사람이 필요하다. 하지만 관계가 완전히 깨지는 것을 걱정하지 않으면서 아이가 미워할 수 있는 사람이 부모 외에 또 누가 있겠는가?"[7]

많은 어머니들이 위니코트의 이 말을 듣고 위로받는다.

좌절이 알려주는 것

정서신경과학 분야에서 가장 앞서가는 연구자 중 한 명인 야크 판크세프Jaak Panksepp는 인간을 포함한 포유류의 뇌에 공통으로 존재하는 감정들의 생물학적 기반을 탐구한다. 그러면서 공격성을 세 가지로 분류한다.

첫째, 포식성 공격성.

둘째, 분노나 화와 같은 감정적 공격성.

셋째, 성선택에 있어 수컷 간 경쟁과 연관된 공격성.

아울러 이 공격성 각각에 해당하는 포유류 뇌의 '분노 회로'를 해부학적으로 구분해낸다. 그러니까 우리에게 화를 내게 해주는 뇌 영역이 존재하는데, 화도 그 이유에 따라 뇌의 다른 부분에서 다른 식으로 발생한다는 이야기다. 이러한 발견을 생물학적으로 보면 분노는 인간의 생존을 위해서 반드시 필요하다는 뜻이 될 것이다.

나를 좌절시키는 상황에서, 그 상황을 벗어나는 에너지를 얻기 위해, 당장 오늘 일용할 양식을 얻기 위해, 내 유전자를 후대에 남기기 위해 우리의 뇌는 적절한 순간에 분노의 감정을 작동시킨다. 판크세프 식으로 이야기한다면, 분노하지 않으면 우리는 살아남을 수 없다.

재미있는 것은 판크세프가 구분한 공격성 중에서 두 번째와 세 번째는 우리가 당연하게 생각하는 이글이글 타오르는 '뜨거운hot' 공격성인 데 반해, 생명을 죽이는 가장 극단적 행동과 연관된 첫 번째는 '차가운cold' 공격성으로 분류된다는 점이다.

치타를 떠올려보면 된다. 가젤에 다가가는 치타의 차분하고 침착한 표정, 단호한 판단력, 조심스러운 몸짓.

분노는 공격성의 일부이나, 모든 공격성이 분노라는

격렬한 감정을 동반하는 건 아니다. 치타가 침착하게 가젤을 물어뜯듯, 범죄자는 미리 계획된 장소에 숨어 칼끝을 밀어 넣으며, 가장 영리한 사람들이 모여 공습 명령을 하달하고, 아이들은 냉정하게 한 친구를 골라 따돌린다. 이성을 잃은 분노가 원시적이고 공격적이고 폭력적이라는 생각은 틀리지 않을지 모르나, 그게 제일 무섭다는 생각은 치명적 오류이다.

✻

판크세프의 신경과학적 통찰을 정신분석적 통찰과 나란히 대어 보면 재미있다. 프로이트는 제2차 세계대전을 겪으면서, 그리고 아무리 무의식을 이해해도 다시 증상으로 되돌아가는 환자들을 보면서, 죽음 본능이란 개념을 만들어내고, 공격성이 리비도와 함께 인간의 본성 중 하나일지 모른다고 생각하기 시작했다.

무서운 엄마 밑에서 자란 멜라니 클라인은 프로이트의 죽음 본능을 가장 먼저 가장 깊이 탐구한 정신분석가다.

클라인의 세계에서 아이는 태어나자마자 깊은 사랑과 함께 격렬한 분노를 경험한다. 아이는 엄마를 물고 때리고 찢고 차고 파괴하려 한다. 아니 이미 그렇게 하고 있다. 이 분노를 사랑과 조화시키는 일이 클라인에게는 인간의 평생에 걸친 과업이다.

한편 위니코트는 공격성을 우리의 타고난 본능으로 인정하지 않았다. 위니코트는 일차적으로 아이가 몸을 움직이고 자신을 주장하려는 욕구를 클라인이 공격성으로 잘못 해석했다고 보았고, 공격성은 오로지 좌절과 결핍 때문에 이차적으로 생긴다고 주장했다. 위니코트는 이렇게 말한다.

"타고나기를 공격적인 아이는 없다."

주변 사람들에 따르면 위니코트는 화를 낼 줄 모르는 사람이었다. '프랑스인의 어머니'로 불린 프랑스 정신분석가 프랑수아즈 돌토Françoise Dolto 역시 평생 분노라는 감정을 경험하는 데 어려움을 겪었다고 주변 사람들은 말한다. 물론 클라인은 불같은 사람이었다. 그 분노를 받은 클라인의 딸은 다시 정신분석가가 되어 나중에 클라인 반대쪽에 서서 엄마와 격렬하게 싸웠다.

위니코트는 분노를 이차적인 감정으로 보았지만, 그 중요성까지 낮춰본 것은 아니었다. 그는 한 걸음 더 나아갔다. 위니코트는 엄마가 아이의 공격성으로부터 살아남아야survive 한다고 썼다.

세상에 막 태어난 아이는 무력하다. 대부분의 경우 엄

마는 아이의 무력함을 헌신적인 보살핌을 통해서 채워준
다. 덕분에 아이는 자신이 전능하다고 느낀다. 내가 배가
고프면 따뜻한 젖이 나타나고, 졸리면 품속에 포근하게 안
기고, 추우면 따뜻한 이불로 감싸이고, 이렇게 마음만 먹으
면 세상이 나를 만족시켜준다. 나는 세상을 마음대로 움직
일 수 있다. 그러니 이 단계에서 세상과 나는 구분되어 있
지 않다. 구분할 필요가 없다.

하지만 조금씩 아이의 욕구와 엄마의 반응 사이에 미
세한 실수가, 타이밍 차이가 생긴다.

추운데 엄마가 젖을 준다. 배고픈데 잠자라며 흔든다.
내 마음과 세상 사이의 간격이 조금씩 좌절을 준다. 그 좌
절에서 천천히 아이의 분노가 자란다. 아이는 분노한다.
'배가 고픈데! 왜! 세상에, 이렇게 추운데 왜!'

화내고 짜증 내고 격노한다. 그리고 세상을, 그러므로
엄마를 공격한다. 주먹으로 때리고 발로 차고 손톱으로 쥐
어뜯고 침과 똥으로 더럽힌다, 무자비하게.

여기부터가 미묘한 지점이다. 아이가 엄마를 무자비
하게 공격하는 이유는 아직 엄마가 엄마인 줄 모르기 때문
이다. 나를 보살펴주는 사랑 가득한 엄마가 아니라 그냥 나
쁜 괴물이고 악당이기 때문이다. 십 분 전에 나를 안아주었
던 엄마와 지금 나를 배고프게 하는 악당은 같은 존재가 아

니다. 아이의 세계에서 외부 세상은 아직 나와 별도로 나름의 지속성을 가지고 존재하지 않는다.

그래서 아이는 엄마를 죽이려고 한다. 환상 속에서는 이미 죽인다. 그런데 엄마는 죽지 않는다. 그 끔찍한 공격에도 엄마는 아무렇지도 않게 살아남는다. 그리고 다시 아기에게 돌아와 환하게 웃으며 젖을 준다. 이런 일이 반복되면서 천천히 아이는 깨닫는다.

'아, 세상은 내 마음대로 되지 않는구나. 나와 따로 존재하는, 내 맘대로 되지 않는 세상이 있구나. 내가 마음먹는다고 세상이 죽지 않는구나. 나는 어쩌면 생각만큼 강하지 않을 수도 있겠다.'

아이는 '내가 참 무력한 존재구나'라는 깨달음의 지점까지는 가지 못한다. 당연하다. 우리도 그렇게 바닥까지 내려갈 능력은 없으니까(다행한 일이다).

엄마가 내 공격으로부터 살아남아준 덕분에 나는 세상과 나를 구분할 수 있고 내 현실적 한계를 받아들일 수 있다. 거꾸로 이야기하면, 좌절하고 그 때문에 분노하지 않았더라면 우리는 여전히 자기가 세상의 왕인 비현실적인 마술 세계를 벗어나지 못했을 것이다. 분노는 이때 나라는 주체를 세우기 위해서 반드시 겪어내야 하는 감정이 된다.

하지만 엄마가 환한 미소로 돌아오지 않는다면 어떻

분노

게 될까? 정말로 죽거나 아기에게 복수한다면? 우울하거나 지친 엄마와 사는 아이들은 엄마의 상징적 '죽음'을 경험한다. 그리고 이는 아이에게 자신의 전능성을 확인해준다.

'나는 너무도 강해, 진짜 강해. 난 엄마를 죽일 수 있어, 그때 죽였어. 내가 화를 내면 엄마는 죽을지도 몰라.'

아이는 세상을 천천히 받아들이지 못하고, 세상과 자신을 분리해내지 못하고, 자신의 전능한 환상 속에서 극도의 죄책감을 느낀다.

'내가 엄마를 죽였어. 나는 엄마를 죽일 만큼 강해. 내 분노는 위험해. 숨겨야겠어. 감춰야겠어.'

복수 당하는 아이도 정반대의 길로 같은 장소에 도착한다. 예민하고 쉽게 화내는 엄마와 사는 아이들은 엄마에게(엄마의 의도와는 상관없이) 자신의 공격에 대한 복수를 당한다. 엄마는 화내고 짜증 내고 아이를 비난한다(고 아이는 느낀다). 이제 아이의 공격성은 위험해진다.

'내가 화를 내면, 나는 죽을지도 몰라. 내 분노는 위험해.'

이제 극도로 위험한 세상 속에서 아이는 자신의 분노를 감추고 숨기는 법을 익힌다. 그러나 언제까지 감추고 숨길 수 있을 것인가.

죽을까 봐 두려워하지 않고, 죽일까 봐 걱정하지 않고

고등학교 시절 중간고사 때의 일이다. 원래는 오전에 시험을 끝내고 오후에는 영화를 보러 가기로 되어 있었는데, 담임 선생님이 갑자기 종례시간에 아무도 영화를 보러 가지 못한다고 선언했다. 선생님은 분명 화가 나 있었지만, 평소 그렇듯 웃는 표정으로 미묘하게 생글거리며 차분하게 그 말을 뱉었다. 어제 영화 보러 간다고 신청한 사람은 마흔세 명인데, 오늘 아침에 간다고 돈을 낸 사람은 마흔두 명이라는 이유였다. (거의 삼십 년이 지난 지금도 이 숫자가 기억나다니!) 그 한 명이 나올 때까지 기다릴 거라고 했고, 평소 담임 선생님의 성격을 알고 있던 우리는 그 한 명이 누가 되었든 손들고 나서지 못할 거라는 것도 알고 있었다(이미 여러 명이 담임 선생님의 방에서 말 그대로 기어 나왔던 터였다). 우리는 다른 반 친구들이 학교 밖으로 빠져나가는 소리를 들으며 그날 오후 다섯 시까지 꼼짝 못 하고 교실에 앉아 있었다.

화는 집에 와서 어머니에게 이야기하면서 터져 나왔다. 학교에서는 이상하게 담담했는데, 일단 말문이 터지자 갑자기 목소리가 걷잡을 수 없이 커지면서 온몸이 부들부들 떨렸다. 말을 더듬기 시작했다. 그 와중에 내 입에서 나

131   분노

오는 '죽여버릴 거다'라는 말이 스스로 당황스러웠다.

온몸이 저렸고 머리가 멍해지면서 아무 생각이 나지 않았다. 떨림이 멈추고 뭔가 생각을 할 수 있게 되기까지는 삼십 분이 넘게 걸렸던 것 같다. 내 안에 이렇게 강렬한 분노가 있다는 사실이 당황스러웠다.

민망하고 부끄러웠다. 어머니 앞이라서 다행이라는 생각도 들었다(어머니 앞이었기에 화를 허락할 수 있었을 것이다). 이후로 화가 날 것 같은 상황이 되면, 이때가 떠오르면서 나도 모르게 화를 피하곤 했다. 사람들이 '화날 상황에서도 참 잘 참는 것 같다'고 칭찬할 때면, '내 화가 무서워서 그래요' 하고 혼잣말했다.

지킬 박사와 하이드 혹은 헐크와 같은 캐릭터가 사람들의 공감을 얻는 이유도 아마 우리 안의 분노를 다루는 것이 누구에게도 쉽지 않은 일이라는 사실 때문일 것이다. 우리의 목표는 〈어벤저스: 엔드게임〉에서 브루스 배너 박사가 도달한 경지에 가 닿는 것이다. 마침내 브루스 배너는 자신의 지적 능력과 정체성을 잃지 않으면서 헐크의 분노를 마음대로 쓰기 시작한다.

✲

사십 대 중반의 여성 H씨는 만성적 우울과 무기력감, 이러다가 내가 이상하게 변할 것 같다는 두려움 때문에 외래를 방문했다. 발달장애가 있는 아들을 키우면서 직장생활을 하는 H씨는 직장에서는 좋은 사원이었고, 집에서는 성실하고 부지런한 엄마이자 아내였으며, 여전히 전화 받을 때마다 엄마에게 달려가는 착한 막내딸이었다. 하지만 언젠가부터 너무도 무기력하고 아무것도 하기 싫다는 느낌이 들었고, 문득 아들에 대한, 남편에 대한, 어머니에 대한 분노가 치솟을 때면 스스로 감당할 수 없는 일이 일어날 것 같다는 불길한 예감에 시달렸다.

약물치료를 하며 우울과 무력감을 천천히 조절해가던 H씨는 어느 날 엄마가 또 짐을 싸 들고 집으로 들어왔다고 한숨을 쉬며 하소연했다. 어머니와 아버지는 H씨가 어렸을 적부터 많이 다투었고 그럴 때마다 어머니는 막내딸을 붙잡고 한탄을 늘어놓았다. 세 살 터울 언니는 일찌감치 반항하며 집에서 벗어났고, 엄마에겐 항상 막내딸이 남편처럼 엄마처럼 의지하고 하소연하고 화낼 수 있는 유일한 대상이었다. H씨는 하루에도 몇 통씩 전화해서 삼십 분씩 한 시간씩 쏟아놓는 엄마의 감정을 고스란히 떠안으면서도,

자기가 피곤하다고 하면, 그만 아버지에게 가시라고 하면 엄마가 상처받을까 봐 두렵다고 했다. 그러면서도 집에 들어와 잔소리를 하는 엄마가 너무 미워 견딜 수 없다고 했다.

엄마가 속상할지도 모른다는 걱정이 엄마가 자신의 공격에서 살아남지 못할지도 모른다는 오래된 깊은 두려움을 자극하고, 이 때문에 사소하고 당연한 불평조차 깊은 죄책감을 일으킨다. 그리하여 오래 쌓인 분노는 자아를 뒤흔드는 지진이 되어버린다.

✳

왜 수많은 동물 중에서 '인형'의 원형으로서 하필 '곰' 인형이 인기를 끌까?

곰은 둥그렇고 복슬복슬하다. 커다란 눈망울, 따듯한 털, 넓은 품. 포옥 안기기 좋다. 엄마의 따스하고 넓은 품처럼. 그렇지만 곰은 힘이 세다. 발톱은 날카롭고, 휘두르는 발에 맞으면 멀리 날아가 버릴 것이다. 한번 물어뜯으면 살점이 뭉텅 떨어져 나갈 것이다. 차갑게 식은 순간의, 혹은 불처럼 화내는 순간의 엄마처럼.

극단적인 양면을 지니고 있어서 아기에게 너무도 깊은 사랑과 두려움을 동시에 일으키는 엄마라는 존재가 작

고 포근하고 푸슬푸슬하고 동글동글한 곰 인형으로 작아
져서 품에 안고 가지고 놀 수 있다면, 그만큼 위안이 되는
것이 또 있을까?

그러니 아기로 태어나는 모든 인간은 이 과정을 잘 거
쳐야 화를 잘 낼 수 있게 된다. 죽을까 봐 두려워하지 않고,
죽일까 봐 걱정하지 않고. 곰 인형을 품에 안듯, 분노를 마
음에 담고 불안해하지 않을 수 있어야 하는 것이다.

분노

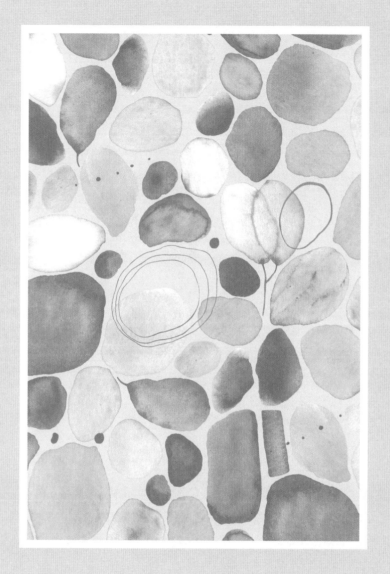

part 4

네 번째 얼굴
중독

"약물 중독자들이 추구하는 것은 쾌락이 아니다.
자신들의 정서적 자기를 조절하여,
순간일지라도 삶을 지배하는 박탈, 수치,
부적절감에서 벗어나고자 하는 것이다."
—필립 플로레스

＊

　의대 본과 1학년에 막 올라갔을 때, 지금도 기억나는 빨간색 표지의 생리학책에서 나름 충격적인 대목과 마주쳤다.

　간단한 실험 하나가 자연에 대한 내 관념을 통째로 뒤흔들었다. 뇌의 구조를 설명하면서 뇌에 전극을 심은 쥐의 행동을 서술하는 부분이었다.

　수술을 통해 쥐 뇌의 측좌핵에 전극을 심고, 그 전극에 약한 전류를 흐르게 하는 발판을 누르는 훈련을 시킨다. 그러면 쥐는 밥도 먹지 않고, 잠도 자지 않고, 전극만 수천 번 누르다가 이틀을 넘기지 못하고 죽는다. 측좌핵이 흥분하면서 일어나는 어떤 설렘, 흥분, 긴장감, 기대감, 갈망의 감각이 식욕과 성욕 심지어 생존에 대한 욕구까지 집어삼키는 것이다.

문제는 이 쥐의 행동은 지극히 '정상적'이라는 것이다. 모든 포유류(인간을 포함한)는 측좌핵의 자극에 똑같이 반응한다.

이러면 안 되는데 하면서 자꾸 하고 싶은

이 실험이 내게 왜 그렇게 충격이었을까? 자연은 지극히 '자연'스러운데 인간만이 이성과 합리성 때문에 자연을 거스르고 문제를 일으키고 있다고 믿었던 순진한 신비주의 때문이었을 것이다. 의대 본과에 올라오기 전 휴학하고 놀던 시절, 전라남도 화순의 작은 절에 석 달 정도 기거하면서 온갖 종교 서적과 신비주의 책들을 읽어댔던 부작용이었을 터이다.

뇌과학자들의 연구에 따르면 이 측좌핵은 모든 목표 지향적 행동에 동력을 부여한다. 10년씩 수능 하나만을 바라보며 공부를 하고, 차를 사기 위해 돈을 모으고, 사랑하는 사람을 몇년씩 쫓아다니고(스무 살 때 내가 그랬다), 학위 논문을 쓰고, 몇 달 전부터 계획을 세워 여행을 떠나는 모든 행동들의 배후에 측좌핵이 작동하고 있다.

문제는 우리네 삶에 목표와 동기와 설렘이라는 중요

한 동력을 제공하는 이 측좌핵이 모든 중독 행동의 핵심에 있다는 것이다.

중독은 정의상 건강과 사회생활에 해가 될 것을 알면서도 특정행동을 반복적으로 하고 싶은 욕구가 생기는 집착적 강박을 뜻한다. 이러면 안 되는데 안 되는데 하면서 자꾸자꾸 하고 싶고, 그 때문에 인생이 망가지는 것을 한편으로는 느끼면서도 점점 더 몰두하게 될 때, 우리는 이를 중독이라 부른다.

중독은 크게는 알코올이나 담배 혹은 마약과 같은 특정 물질을 자꾸 섭취하는 것과 연관된 물질 중독과 인터넷, 게임, 핸드폰, 쇼핑, 성 중독과 같은 행위 중독으로 나뉜다. 그리고 이때 그 특정 물질 혹은 행동에 대한 욕구와 충동이 저항할 수 없이 강해지는 데 바로 측좌핵이 관여한다.

✼

삼십 대 후반의 대기업 회사원 M씨는 지난 5년간 주식 때문에 3억 원의 빚을 졌다. 처음에는 친구 권유로 재미 삼아 시작했다가 1년 만에 3천만 원 정도의 수익을 올렸고, 그 돈으로 아내에게 차를 사주고 칭찬을 들었다. 그러자 M씨는 조금씩 더 많은 돈과 시간을 주식에 쏟아부었다. 온종일 컴퓨터를 켜놓고 주식 시장 추이를 들여다보았고 투자 카페에 가입하여 동향을 읽으려고 했다. 그러다가 몇 차례 '실수'로 빚이 2억 원 정도 생겼다. 고민하던 M씨는 상황을 아내에게 고백하고 집을 팔아서 해결했다. 그 후로 M씨는 가족 몰래 사채를 빌려 투자를 계속했고 다시 빚이 3억 원 으로 늘어났으나 '한방'만 하면 된다며 친구들에게 돈을 빌 리고 부모님 집을 찾아가 행패를 부렸다.

외래에서 M씨는 아주 불쾌한 표정으로 내가 여기를 왜 와야 하느냐고 반복해서 물었다. 사람들 다 하는 주식투 자에서 잠깐 실수로 돈 좀 잃은 것 가지고 왜 나를 정신병 자 취급하느냐고 했다. 주식은 계속할 것이며 잠깐의 실수 는 금방 만회할 것이라고 했다. 정당한 경제활동을 중독이 라고, 병이라고 하는 당신네가 문제라고 했다. 부모님이 그 때 5천만 원만 바로 보태줬어도 지금 돈을 더 많이 벌어났 을 거라고 했다. M씨는 치료를 거부하였고 외래는 두 번 만에 중단되었다.

이렇듯 원래 목표지향적 행동을 관장하는 측좌핵이 중독 행동에 점점 점령당하는 일이 일어난다. 중독이 시작 되는 것이다.

중독은 블랙홀처럼

중독이 심해질수록 중독 행동이 측좌핵을 독차지하면서, 다른 목표지향적 행동들을 위한 동기는 점점 희미해진다. 오로지 특정 중독 행동에만 몰두하게 되는 것이다.

하지만 더 심각한 문제는 사실 다른 데 있다. 우리가 친밀한 관계에서 경험하는 깊은 만족감과 그와 연관된 애착 감정을 다루는 회로 역시 측좌핵을 사용하고 있기 때문이다.

중독이 측좌핵을 집어삼키면 관계에 대한 욕구가, 타인과 함께할 때 느끼는 깊은 만족감이 모두 희미해진다. 세상과 사람으로부터 철수해서 마치 전극을 심은 쥐처럼 오로지 하나의 대상에만 골몰하게 된다.

가정적이었던 M씨가 어느 순간부터 냉랭한 표정으로 모니터만을 응시하면서 이것이 다 가족을 위해서라고 소리쳤듯 말이다.

코카인을 이용한 유명한 실험이 있다. 막 새끼를 출산한 어미 쥐를 상자 가운데 두고 한쪽에는 코카인을 한쪽에는 새끼 쥐를 둔다. 그리고 어미 쥐가 어디로 가는지를 관찰한다. 모든 사람들이 예상하는 대로(혹은 바라는 대로) 어미 쥐는 처음에는 새끼 쥐를 향한다. 자식을 향한 애착이

쾌락을 이긴다. 그러나 8일째 되는 날, 어미 쥐는 새끼 쥐를 버리고 코카인으로 향한다.

결국 중독이 망가뜨리는 것은 우리의 건강이나 통장만이 아니다. 깊은 애착, 보살피고 염려하는 마음, 절절하게 외롭고 그리운 마음, 설레고 누군가 있었으면 하는 마음까지 중독은 블랙홀처럼 다 빨아들인다. 남는 것은 집착과 공허뿐이다.

＊

많은 사람들이 중독에 빠져드는 이유는 바로 애착의 결핍 때문이다. 다시 말해 외롭고, 공허하고, 불안하고, 무력한 우리가 어찌할 방법을 몰라 결국 술을 마시고, 도박을 하고, 게임을 하고, 핸드폰을 들여다보고, 쇼핑을 하게 되는 것이다.

필립 플로레스Philip Flores는 『애착 장애로서의 중독』에서 중독의 이러한 측면을 깊이 살핀다. 그는 중독 문제를 이렇게 요약한다. "건강한 대인관계적 친밀함을 형성할 수 없는 만큼 우리는 인간적인 친밀함을 물질로 대체하게 된다."

플로레스는 더 나아가 우리가 어떤 중독에 빠져드는가 하는 것도 중독으로 스스로 치유하려고 (헛되이) 노력하는 그 마음의 고통이 어떤 유형인가에 달려 있다고 말한다.

너무 불안한 사람들은 진정제로 작용하는 물질(아편 등)을 찾고, 너무 공허한 사람들은 뭔가 마음을 채워줄 것 같은 중독(쇼핑, 알코올)에 빠져든다. 요즘 아이들이 게임에 점점 더 몰두하는 이유도 현실에서 성취할 수 없는 것(성적과 부모님의 인정)들을 게임 속에서 성취(레어템과 만렙)할 수 있기 때문인지도 모른다.

정서신경과학 역시 문제를 비슷한 맥락에서 본다.

판크세프에 따르면 모든 포유류가 갖춘 기본적 감정 회로의 작동에 있어 오피오이드(아편과 비슷한 물질들. 마약 중에는 모르핀이나 헤로인이 이에 속한다) 중독과 사회적 의존의 역동은 상당히 비슷하다. 긍정적인 사회적 상호작용은 뇌에서 오피오이드를 방출시키고, 우리는 적어도 어느 정도는 이를 통해 기쁨을 얻는다.

사람들이 외부의 오피오이드 물질에 중독되는 이유는 사회적으로 상호작용할 때 우리 뇌에서 방출되는 엔도르핀이나 엔케팔린Enkephalin과 같은 오피오이드 물질이 주는 만족감을 이 마약들을 통해 인위적으로 얻을 수 있기 때문이다.

물론 사람들과의 진짜 관계에서 느끼는 그 복잡미묘

한 만족감을 이렇게 간단하게 대체하는 것은 불가능하다. 중독의 방식으로 고통을 벗어나고 관계를 대체하다 보면 조금씩 우리는 마비된다.

피부가 마취되면 고통을 피할 수는 있다. 그렇지만 사랑하는 사람의 손길도 시원한 바람의 흐름도 느낄 수 없게 된다. 우리 정신도 마찬가지다. 괴로움을 피하면 기쁨도 사라진다.

릴케Rainer Maria Rilke는 이를 더 심오하게 표현했다.

"언젠가 닥칠 삶의 무시무시함에 온전히 동의하지 않는 사람은 우리 존재의 형언할 수 없는 풍부함과 힘을 결코 소유할 수 없다. 그들은 단지 가장자리를 배회할 뿐이다. 그리고 어느 날 심판이 내릴 때, 그들은 산 것도 죽은 것도 아닐 것이다."[1]

마비되어 고통을 느끼지 못하고, 따라서 행복을 느끼지 못하고, 심지어 죽지도 못하는 존재인 좀비는 그러므로 고통을 거부함으로써 삶의 생생함을 잃어버리는 상태에 대한 은유일는지도 모른다. 그리고 우리를 마비시켜 좀비로 만드는 가장 대표적인 물질이 바로 알코올이다.

자아를 잃어버린 좀비

알코올에 대한 교과서나 치유서들은 많지만, 알코올 중독자의 내면을 마음에 와닿게 이해하도록 도와주는 텍스트는 드물다. 다른 중독도 그렇지만, 특히 알코올은 중독이 시작되면 뇌 전체가 알코올에 적응해서 균형이 바뀌어버리고 전두엽 기능이 함께 떨어지기 때문에, 자기성찰 능력이 저하되고 존재의 느낌 자체가 변해버린다. 그래서 아무리 알코올의 폐해를 읊어대도 정작 그걸 듣고 술을 끊는 사람은 지극히 드물다. 반면 중독자의 주변 사람들은 저 사람이 저렇게 눈에 빤히 보이게 인생을 망가뜨리면서도 뒤돌아보지 않는 것을 납득하기 어렵다.

이럴 때는 오히려 문학 텍스트가 도움이 된다.

직접 그 깊은 구덩이에 빠져본 사람만이 알 수 있는 혼곤한 느낌들이 날것으로 드러나는 문장들을 통해 우리는 비로소 중독자의 내면에 잠시나마 접촉할 수 있다(알코올 중독 치료를 위한 여러 가지 방법들—상담, 약물, 강의, 운동 등—중 실제로 중독에서 벗어난 회복자와 함께하는 집단 상담이 가장 치료 효과가 좋은 이유도 이 때문일 것이다).

엘리트 저널리스트였던 캐럴라인 냅(아버지는 유명한 정신과 의사이자 분석가였다. 냅은 책에서 차갑게 자신의 행동을 분석했던 아버지에게 느꼈던 두려움을 토로한다) 은 『드링킹』이라는 자전적 에세이에서 자기가 경험한 알코올중독의 문제를 강렬하고 솔직하게 파고들었다. 냅은 우리가 알코올을 통해서 어떻게 마비되고, 살아있기는 하지만 자아를 잃어버린 좀비가 되어버리는지 서술했다.

"술을 마시고 자기 아닌 다른 사람이 된다면 … 우리가 세상과 맺는 관계는 진흙탕처럼 혼탁해지고 만다. … 그러다 보면 자기 자신에 대한 가장 기본적 사항들(두려워하는 것, 좋아하는 느낌과 싫어하는 느낌, 마음의 평안을 얻는 데 필요한 것)도 알 수 없게 된다."[2]

또한, 알코올중독자였던 맬컴 라우리Malcolm Lowry의 소설 『화산 아래서』 역시 같은 맥락에서 중독자의 깊은 절망과 혼란에 잠시나마 공감하도록 도와준다. 라우리는 정신병원에서 퇴원한 후 십 년에 걸쳐 이 작품 하나를 다듬어 탈고하였고 실제로 알코올중독으로 마흔여덟에 죽었다.

직접 경험해보지 않고서는 도저히 묘사할 수 없었을 술에 대한 갈망, 취기 속 자기파괴적 쾌감, 몰락을 향한 불안한 설렘, 자괴감이라는 동력으로 스스로를 막다른 곳으로 몰아가는 활력이 절절하게 그리고 몽롱하게 서술된다. 알코올이란 물질이 지닌 깊은 매혹과 악마적인 파괴성이 일인칭 시점으로 표현된다.

책의 시작부터 끝까지 주인공 영사는 하루 종일 취해 있다. 그 몽롱하지만 날카로운 취기 속에서 영사는 읊조린다.

"어떻게 자신을 발견하기를 바랄 수 있을까, 깨진 병들 틈에서 깨진 술잔들 틈에서 자신의 정체성에 대한 외로운 단서를 찾기를 희망할 수 있을까? 어떻게 다시 돌아가서 깨진 유리 틈으로, 영원한 술집 아래로, 바다 아래로 헤집고 들어가 자신을 찾을 수 있을까?"[3]

그러면서 알코올에 대한 강렬한 갈망과 그만큼의 결핍감을 고백한다. 끊임없이 알코올을 들이부어도 줄어들지 않는 강렬한 기갈.

실제로 알코올전문병원에서 만났던 환자 중 한 명은 내게 '술이 당기는' 느낌에 대해서 이렇게 말했다.

"사흘 동안 굶었다고 생각해보세요. 그러고 있는데 누가 밤에 라면을 끓이고 거기에 계란을 넣어서 가져온 거예요. 그걸 보고 참을 수 있겠어요?"

알코올중독은 그렇게 결핍감 때문에 시작하여 더 큰 결핍을 만든다. 알코올 때문에 생긴 깊은 구멍 속에 점점 더 많은 술을 쏟아붓지만, 바닥이 뚫린 것처럼 결핍감은 절대로 채워지지 않는다. 우리 뇌의 여러 수용체들이 알코올로 인해 변형되고, 알코올에 대한 더 큰 갈망을 만들어내기 때문이다.

중독

문제는 우리 문화가 지나치게 술에 대해서 너그럽다는 것이다.

술을 마시고 운전대 잡는 습관이 있으면 "이 친구 주사가 좀 있네" 하고 허허 웃지만, "저는 술을 마시지 않습니다"라고 말하면 "허허, 이 친구랑 놀면 안 되겠네" 하며 노골적으로 불편해하고 은근히 거리를 둔다.

술을 많이 마시는 것보다 못 마시는 것을 걱정해야 하는 기묘한 사회. 알코올중독의 평생 유병률이 22퍼센트에 달하는, 세계에서 알코올중독의 유병률이 두 번째로 높은 나라.

✳

작은 공장을 운영하는 오십 대 A씨는 부인의 손에 이끌려 진료실을 찾았다. 부인이 이혼을 할래, 치료를 받을래, 둘 중 하나를 선택하라고 했고, A씨의 얼굴엔 불쾌한 표정이 가득했다. 사업은 점점 번창하고 있었다. 사람들은 사교성 좋고 호탕한 A씨를 좋아했고, 세상에서 자기에게 뭐라고 하는 건 집 식구들밖에 없다고 했다.

A씨는 일주일에 한 번 정도 술을 마셨다. 주량도 그리 많지 않아서 맥주 두세 병 정도만 마셔도 취했다. 문제는

그때부터였다. A씨는 술자리가 끝나면 혼자서 유흥업소를 찾았고 거기서 주사를 부리는 일이 잦았다. 3년 전에 처음 폭행 문제로 경찰이 출동하는 일이 있었고, 이후로 자주 필름이 끊겼다. 그리고 최근에는 법적 문제가 생겼다. 아내와 아이들은 술을 끊으라고 눈물로 호소했지만, A씨의 대답은 항상 비슷했다.

'술을 자주 마시는 것도 많이 마시는 것도 아니니 나는 알코올중독이 아니다. 그리고 끊지 못해서 마시는 게 아니라, 아직은 끊을 필요가 없기 때문에 마시는 거다. 사업하는 사람이 술을 안 마시면 사업을 어떻게 하나. 사람들에게 무시 받는다. 다 우리 가족들을 위해서 하는 건데 이런 식으로 이야기하면 섭섭하다.'

알코올중독 전문병원에서 환자들을 대상으로 강의를 맡아서 2년 정도 진행했던 적이 있었다. 첫 시간에 알코올중독의 정의에 대해서 질문을 던지면 답을 맞히는 비율이 열 명 중 한 명도 안 된다. 모두들 술을 많이 자주 마셔야 중독이라고 생각하고, 그래서 거기 앉아 있는 사람들 중 반 정도는 여전히 자신이 중독이 아니라고 믿는다. 매일 먹지 않는데, 혹은 소주를 서너 병씩 마시는 게 아닌데 내가 왜 중독이란 말인가.

하지만 어떤 행위로 인해 삶에 문제가 생기는데도 그

행위를 중단하지 못한다면 그것은 중독이다. 구체적인 빈도나 양은 어떤 중독의 정의에도 들어 있지 않다.

당황스러울 수도 있겠지만, 이러한 맥락에서 자해 역시 중독의 일종으로 볼 수 있다.

뇌가 만든 아편

중학생 K양은 반복되는 자해 문제로 엄마 손에 끌려 진료실에 앉았다. 중학교 입학 이후 친구들과의 관계에서 갈등이 시작되었고, K양은 스스로 '은따'라고 했다. 언젠가부터 애들이 뒤에서 자기에 대해서 수군대는 게 신경 쓰여서 학교에서도 학업에 집중하기 힘들었다. 마음이 괴로웠지만 집에 와서도 자주 싸우는 부모님 눈치 보느라 속을 털어놓지도 못했다.

같은 반 친구에게 은밀하게 요령을 배운 후, 밤늦게 잠이 오지 않을 때 K양은 커터칼로 왼쪽 팔목과 상박을 그어서 피를 냈다. 날카로운 통증과 함께 상처에서 배어 나오는 새빨간 피를 보면 마음이 조금은 편안해지고 불안이 줄어드는 것 같다고 했다. 그렇게 왼팔이 상처로 가득하자 이번엔 오른팔을 긋기 시작했다. 그러다가 방에서 피 냄새가 나는 것에 놀란 아버지에게 마침내 들켰다. 아이는 상처를 닦은 화장지를 방 구석구석에 감춰두고 있었다.

진료실에서 아이는 이제 팔을 그어도 불안이 잘 사라지지 않는다고 했다. 그렇지만 막연하게 그냥 그어야 할 것 같고 긋고 싶다는 생각이 들어 자기도 모르게 칼을 찾게 된다고 했다.

자해는 이해할 수 없고 통제할 수 없고 감당할 수 없는 심리적 고통을 이해할 수 있고 통제할 수 있고 감당할 수 있는 신체적 고통으로 대체하려는 시도이다.

어떤 아이는 손목을 그으면 몸의 통증 사이로 마음의 통증이 흘러나간다고 말했다. 어떤 아이는 자해가 말로 표현할 수 없는 감정적 고통과 느낌을 표현할 수 있게 해준다고, 자신의 안에서 느껴지는 것을 멈추게 한다고 말한다.

어떤 아이는 배 한가운데 시커먼 구멍 같은 게 있는 것 같다고, 자해를 하면 최소한 고통이라도 느낄 수 있고 그건 아무것도 느끼지 못하는 것보다 낫다고 말한다.

생리적 측면에서 보면, 자해로 인한 신체적 통증을 무마하기 위해 우리 뇌에서는 반사적으로 일정량의 엔도르핀(예상하듯 오피오이드의 일종이다)이 흘러나온다. 이 엔도르핀은 불안과 혼란을 줄여주고, 관계에서의 상처를 위로하는 미묘한 평온과 나른함을 준다. 그러므로 (예상하듯) 자해를 하다 보면 우리는 어느새 뇌가 만든 아편에 천천히 중독되기 시작한다. 고통을 줄이기 위해서 시작한 자해가 어느 순간부터 엔도르핀을 더 뽑아내기 위한 중독 행동으로 변하는 것이다.

주관적 차원에서, 이 모든 중독 행동의 배경을 이루는 것은 바로 결핍감이다. 무엇인가 나에게 부족하다는 느낌, 채우지 않으면 안 되는 빈 곳이 있다는 느낌들. 이 빈 곳만 채우면 행복해질 것 같고, 충만해질 것 같고, 평화로워질 것 같다는 감칠나는 느낌이 우리의 깊은 마음의 겨드랑이를 못 견디게 간질인다.

프로이트도 중독에 대해서 같은 이야기를 했다. 그는 알코올중독을 구강기 결핍에 연관지었다. 구강기 시절 그러니까 우리가 막 세상에 태어나 마음대로 움직일 수 있는 게 입밖에 없던 시절, 입으로 젖을 빠는 게 생존을 위해서 가장 중요하고, 할 수 있는 것도 그것밖에 없던 시절에 충분한 만족감을 경험하지 못하면, 결핍이 마음속 깊이 남는다는 것이다. 그리고 그 결핍감은 강렬한 허기와 갈증을— 사실은 마음의 갈증을—일으키기에 술을 쏟아붓게 된다고 했다.

프랜시스 베이컨의 1944년 그림 〈십자가 책형을 위한 세 개의 습작〉을 보면 이러한 구강기 결핍이 얼마나 영혼에 깊은 영향을 미치는지 강렬하게 묘사되어 있다.

아직 채 형체를 갖추지 못한 몸뚱이에 입만 있는 머리가 달려 있다. 짐승(베이컨)은 미칠 듯한 허기 때문에 세상(젖 혹은 술)을 모두 빨아들일 듯 목을 늘이고 있다. 알코올중독자가 느끼는 뱃속 깊은 허기는 이런 느낌일지도 모른다(실제로 뱃속에 기갈이 든 짐승이 한 마리 들어 있는 것 같다고 말하는 중독자들이 많다).

중요한 것은 이 '짐승'은 세상을 삼키려는 동시에 날카로운 이빨로 물어뜯으려 하고 있다는 것이다. 깊은 결핍은 허기뿐 아니라 분노를 일으킨다.

세상뿐 아니라 자신을 파괴하는 분노. 망가져가는 모습이 두려우면서도 은밀하게 즐거운, 왜곡된 쾌감.

이런 맥락에서 폭식증과 같은 식이문제도 구강기 결핍과 연관된 중독 문제로 볼 수 있다.

욕망은 욕망에 대한 욕망

근본적으로 몸과 마음은 나뉘어 있지 않기에, 몸의 허기와 마음의 허기를 구분하는 것은 불가능하다. 몸의 불안과 마음의 불안, 몸의 통증과 마음의 통증을 구분할 수 없듯 말이다. 실제로 한 연구에서는 실연으로 인해 마음 아파하는 사람에게 타이레놀을 주자 마음의 고통이 줄어들었다는 결과가 나온 적이 있다.

프랑스 정신분석가 라캉은 이러한 결핍감을 단순한 병리적 현상이 아니라 인간 정신의 핵심 구조로 보았다. 지극히 난해한 문장을 구사하면서 모든 사람에게 그를 이해하고 싶다는 '불가능한' 욕망과 그만큼의 결핍감을 불러일으켰던 라캉(그래서 한때 라캉에 '중독'되어 출판된 모든 책을 찾아 읽었던 적이 있다)은 정신분석학과 헤겔철학과 기호학과 포스트모더니즘을 복잡하게 조합하여 극도로 어려운 이론을 만들어냈다. 그렇지만 쉽게 한마디로 그의 이론을 정리한다면 우리는 평생 무언가를 욕망하면서 살지만, 그 욕망을 충족하는 것은 근원적으로 불가능하다는 것이다.

라캉에 따르면 우리는 어떤 방법으로도 충동을 완벽하게 만족시킬 수 없다. 프로이트가 암시했듯, 어떤 손상되지 않은 완벽한 충동이 의식에 억눌려 있는 게 아니기 때문이다. 인간이 충동에 대해서 '생각'할 수 있게 된 순간 이미 충동은 변형되고 왜곡되어 있다. 그것은 인간이 인간이 되기 위해 치른 대가이다.

라캉은 이렇게 표현한다.

"내가 원하는 것을 내게 주지 마세요. 그것은 내가 원하는 게 아닙니다."

포스트모던 프랑스 정신분석 이론가의 심오한 이론치고는 어찌 보면 참 뻔하다(이미 2500년 전에 붓다가 비슷한 이야기를 했다. 물론 라캉 이론은 이보다 훨씬 복잡하나, 한편으로는 지나치게 관념적인 만큼 현실에 닿을 때는 허망할 정도로 순진해져버리는 순간들도 있다). 또한 이러한 이치는 이미 큰아들이 여덟 살 때 깨친 바 있다. 같이 지하주차장을 지나가는데 아들이 문득 택배 보관함에 들러보자고 했다.

"네가 시킨 것도 없는데 가서 뭐하게?" 했더니 대답하기를, "내 것이 아니라도 괜찮아요. 택배를 받아서 박스를 열어보는 게 재밌거든요. 내 것이라면 더 좋지만, 내 것이 아니라도 박스를 열어 뭐가 들었나 하고 보는 게 두근두근하고 재밌어요."

아들은 욕망의 대상이 중요한 게 아니라는 심오한 진리를 이미 깨치고 있었던 것이다!

중요한 건 박스 안에 든 물건이 아니라 무언가를 얻기 직전의 그 설렘이라는 것. 뭔가가 부족한데 그게 채워질지도 모른다는 환상(그리고 결핍감)으로 가득한 순간.

인터넷 쇼핑에 대한 재미있는 연구가 있다. 물건을 고르고, 주문하고, 기다렸다가, 택배를 받고, 박스를 열고, 안에 든 물건을 손에 쥐는 순간 중 우리 뇌는 언제 가장 흥분

중독

할까? 쾌감을 가장 강렬하게 느끼는 순간은 언제일까?

뇌가 가장 격렬하게 반응하는 때는 물건을 손에 쥐는 순간이 아니라 택배 박스를 여는 순간이다. 며칠 동안 검색하고 뒤져서 레어템을 획득한 후 정작 택배 박스를 열고 나서는 포장지조차 벗기지 않고 방구석에 밀어놓아 본 적이 있는 사람은 이게 무슨 뜻인지 이해할 것이다. 그렇게 해서 한 번도 펼쳐 보지 않은 책과 음반이 수두룩하다.

그래서 라캉이 "욕망은 욕망에 대한 욕망이다"라고 말했을 터이다. 조금 더 알기를 원하고, 더 많은 음악을 듣고 싶고, 예쁜 스피커가 보이면 너무 탐나고, 언젠가 또 한 번 길게 뉴질랜드에 가고 싶다는 내 바람들. 그런 바람 자체가 이미 이 삶의 완성된 형식이라는 것. 삶이 완성되는 것은 욕망이 충족되는 순간에 있는 것이 아니라, 이미 욕망한다는 것만으로 삶은 완성되어 있다는 것을 깨닫게 되는 때라는 것. 그게 라캉이 말한 '환상을 횡단하기'의 의미일 터이다.

열정과 중독 사이

퇴근하여 밥 먹고 아이들 재우고 원고를 만지고 있는 지금, 거실 스피커에서는 피아졸라의 〈더 센트럴파크 콘서트The central park concert〉가 흘러나온다. 피아졸라가 영어와 프랑스어와 에스파냐어로 번갈아 가면서 반도네온의 유래에 대해서 말하고 있다. 사람들이 웃으면서 감동하고 박수를 친다. 수십 번을 들어도 마음이 먹먹해지는 부분이다.

음악을 듣기 시작한 건 초등학교 고학년 때부터였던 것 같다. 누나가 먼저 팝송에 눈을 떠서 좋은 노래를 찾으면 나를 불러서 들려주곤 했다(너무 음악만 듣는다고 화가 난 아버지가 라디오를 방바닥에 휙 던져버리시던 장면이 아직도 기억난다. 누나가 한창 사춘기를 앓고 있을 때였다). 중학생이었을 때 이숙이 일본에서 필립스 포터블 오디오를 사다 주셨고, 그때부터 본격적으로 음악을 들었다. 〈배철수의 음악캠프〉를 들으면서 좋은 음악이 나오면 테이프에 녹음을 하고, 테이프가 늘어져서 소리가 이상하게 나올 때까지 들었다. 그렇게 마일즈 데이비스를 만나고, 팻 매스니와 짐 홀을 만나고, 힙합을 배웠다. 아버지는 무슨 카바레 음악을 듣느냐며 재즈를 들을 때마다 화를 내셨는데, 그래도 꿋꿋하게 거실 인켈 전축에 마일즈 데이비스의 〈스트리밍streaming〉 엘피 음반을 걸어놓고 크게 들었던 기억.

스물두 살 때 학교를 휴학하고 절에 들어가서 석 달 정도 살았다. 그때까지 나는 내가 음악을 좋아하는 줄 알았다. 그런데 새벽 네 시에 종소리를 듣고 일어나 밤 아홉 시에 잠드는 규칙적인 생활 속에서, 마당을 쓸고, 시멘트를 섞어 뒷간을 만들고, 콩 타작을 하고, 하릴없이 녹차를 스테인리스 잔에 따라놓고 마루에 앉아 해가 앞산으로 넘어가는 것을 바라보는 생활 속에서, 문득 처음으로 내가 정적을 음악으로 채우려 하지 않고 있다는 것을 깨달았다.

비로소, 음악이 좋아서 음악을 그렇게 열심히 들었던 것이 아니라, 정적을 견딜 수 없어 이를 음악으로 채우려 했다는 것을 알았다. 마음의 허기를 알코올로 채우듯 마음의 공허를 음악으로 채우려고 했던 것이다. 또한, 아무것도 하고 있지 않다는 불안을 그래도 음악이라도 듣고 있고 그렇게 조금씩 뭔가를 쌓아가고 있다는 위로로 녹이려 하고 있었다. 그때(그리고 지금도 어느 정도)는 음악이 내겐 어떤 의미에서 결핍을 채우는 약물이었다.

사실 책도 마찬가지다. 톰 라비의 『어느 책 중독자의 고백』을 보면, 책을 읽는 고상한 행위가 얼마나 중독 행동에 가까운지 신랄하고 유머러스하게 잘 정리되어 있다. 이 책 덕분에 나는 2014년부터 책 중독에서 벗어나기 시작했다.

책을 읽기 시작한 것은 대학교 1학년 가을, 나뭇잎이 조금씩 갈빛으로 변하고 서늘한 바람이 불기 시작할 무렵이었다. 왜 사는지가 궁금했고, 또 어떻게 누군가를 좋아하고 사랑하게 되는지가 궁금했던 것 같다. 스무 살 우울했던 시기였다. 대학교에 입학해서 처음 보자마자 이상하게 끌렸던 첫사랑(못되게도 꼭 내 주변 내가 아는 선배들과 사귀었다)에 대해 느끼는 감정의 혼란이 그 우울에 달콤하고 씁쓸하게 뒤섞여 있었다. 처음에는 어떤 책 한 권이 어떤 문장 하나가 답을 알려줄 것이라고 기대했다.

매일 자취방 앞 작은 서점을 뒤지다가 학교 서점을 뒤지고 주말이면 버스를 타고 영풍문고와 교보문고를 뒤졌다.

'그 책'을 애타게 찾았다.

당연하게도 '바로 그 책'이란 존재하지 않는다는 것을 깨닫는 데 십 년 이상의 시간이 걸렸다. 그동안 일 년에 백 권에서 삼백 권의 책을 읽었다. 항상 한 번에 대여섯 권의 책을 동시에 읽었다. 초조감 때문이었다. 어떻게 해서든 한 권이라도 더 읽어야 한다는 강박적 불안.

한창 중독이 심했을 때는 TV 볼 때 광고 나오는 짬에도, 운전하다가 신호에 걸렸을 때도, 처가에 가서 장인어른과 함께 이야기를 나누는 와중에도 책을 곁에 두고 읽었다. 불면증이 심해져 새벽 한 시에 깨어 눈이 뻑뻑할 때도 책 읽을 시간이 생겨 좋다는 은밀한 기쁨이 있었다.

처음에는 정말 그 절절한 갈망 때문이었다.

삶과 사랑의 의미를 알고 싶다는 순수한 욕망, 알 수 있을 거라는 순진한 기대.

그러다가 어느 순간부터는 많이 아는 게 좋아졌고, 많

중독

이 안다고 하니 모르는 게 불편해졌다. 책을 읽는 즐거움만큼 새 책을 고르는 것이 설레었고, 귀한 책을 구하려고 온라인 헌책방을 하루 종일 뒤졌지만, 막상 책이 도착하면 책꽂이 구석에 꽂아두고 표지를 들춰보지도 않았다.

톰 라비의 저 책을 또 한 권의 책으로서 읽었을 때, 처음에는 장난으로 킥킥대다가, 조금씩 진심으로 내 행태가 중독 행동이라는 것을 인정하게 되었다. 천천히 석 달에 걸쳐 『하자르 사전』(세상에서 가장 아름다운 소설 중 한 권이다) 딱 한 권을 야금야금 읽고, 책을 사들이는 것을 중단했다.

정신분석가 제임스 스트레이치James Strachey는 1930년에 "독서에서의 무의식적 요소"라는 논문을 썼다. 오토 페니켈Otto Fenichel은 1940년에 "분변애호적 충동과 동일시"란 논문에서 '보는' 행위와 '삼키는' 행위 사이의 상징적인 연관성을 강조했다. 책을 읽는 것은 마음속 막연한 허기를 채우기 위해 상징적으로 뭔가를 삼키는 행위라는 것이다. 조란 지브코비치의 『환상도서관』의 마지막 단편 〈위대한 도서관〉을 보면 주인공은 실제로 책을 요리해 먹어치운다.

내 독서욕도 이 허기로부터 멀지 않았던 것 같다.

내 오래된 허기를 메꾸기 위해서 인생 내내 음악과 책이, 소리와 글자가 동원되었던 것일까.

할머니는 항상 내가 어린 시절 얼마나 애타게 엄마를

찾았는지 이야기해주시곤 했다. 초등학교 선생님이던 어머니가 나를 두고 나가시면 한 시간 울고, 돌아오실 시간이 되면 한 시간 전부터 마당을 혼자 가로질러 대문 앞에 서서 엉엉 울면서 엄마 오시기를 기다렸다고 한다.

나의 결핍감의 원천은 이 시절일까?

중학교 3학년 겨울방학 때 중앙도서관에 다녔다. 오전에는 나름 열심히 공부하다가 점심을 먹고는 열람실에 가서 전설의 무협지로 지금도 꼽히는 김용의 『영웅문』 열다섯 권을 무한 반복해서 읽었다(『의천도룡기』, 『사조영웅전』…. 지금도 제목만 들어도 마음이 설렌다).

열 번은 반복해서 읽은 것 같으니 누가 뭐라 해도 내 인생의 책. 그런데 신기했던 것이 꼭 '뭐 재미있는 책이 없나' 하고 책꽂이 앞에 서기만 하면, 똥이 급하게 마려웠다는 것. 조금만 참으면 지나가는 느낌이라는 것을 알게 되어서 나중에는 쭈그려 앉아 발꿈치로 항문을 틀어막고 참았는데, 그 참는 괴로움에 또 미묘한 쾌감이 있었다. 이미 그때 내 마음속에서는 책이 음식 같았고, 몸속에 모으는 쾌감을 주는 똥 같았던 것일까.

벌써 이십 년 넘게 마음을 자꾸 간질이는 이 책과 음악에 대한 열정은 중독인가 고상한 열정인가. 그 미묘한 경계를 구분하는 게 과연 가능한가.

영국의 정신분석가 애덤 필립스Adam Phillips는 우리네 삶의 복잡미묘한 혼돈을 가장 잘 표현하는 사람 중 하나이다. 필립스는 『멀쩡함과 광기에 대한 보고되지 않은 이야기』에서 이렇게 쓴다.

"최악의 삶과 마찬가지로 최고의 삶 역시 휘둘리는 삶이라는 말을 인정하는 사람이 많다. 한편에서 우리는 예술가, 연인, 정의 수호자, 평생을 바쳐 선한 일을 하는 것 외에 다른 선택의 여지가 없는 것 같은 사람을 이상화한다. 하지만 다른 한편에서는 마약중독자, 일중독자, 뭔가에 휘둘려 삶을 망치고 자신과 타인에게 해를 입히는 사람들을 두려워한다."[4]

끌리는 것이 좋아하는 것이 되고, 좋아하는 것이 몰두하는 것이 되고, 몰두하는 것이 끊기 힘든 것이 되는 이 미묘한 경계는 또한 어떤가. 우리에게는 이 역시 마음대로 선택하거나 결정할 능력이 없는 것 같다.

중독 권하는 사회

동물생태학에 '초정상자극'이라는 개념이 있다. 복잡한 세상에 적응하기 위해 인간을 포함한 동물들은 아주 간단한 자극에 이끌리도록 태어날 때부터 설정되어 있다는 것이다. 이 개념은 인간 행동의 여러 가지 측면들을 이해하는 데 도움이 되는데, 그중 하나가 중독 행동이다.

예를 들어 『인간은 왜 위험한 자극에 끌리는가』에서 저자 디어드리 배릿Deirdre Barrett은 한 제비 종의 예를 든다. 이 종 수컷의 가슴은 밝은 갈색인데, 암컷 제비는 그 색을 적응도의 지표로 보고 가슴털이 가장 짙은 수컷을 고른다. 그런데 과학자들이 '5달러 99센트짜리' 매직펜으로 암컷에게 퇴짜 맞았던 수컷 가슴을 더 짙게 색칠하면, 이내 암컷들이 달려와 짝짓기를 하려고 줄을 선다.

라마찬드란Vilayanur S. Ramachandran은 『명령하는 뇌, 착각하는 뇌』에서 한 갈매기 종 이야기를 한다. 갓 태어난 새끼들은 어미의 부리에 있는 두 줄의 검은 선에 반응하여 입을 벌리는데, 막대기에 줄을 세 개 그어서 가져다 대면 어미가 옆에 있어도 이 막대기만 맹렬하게 쫓아다닌다.

그래서 뻐꾸기가 다른 새 둥지에 제 알을 밀어 넣는 것이다. 새들은 조금이라도 더 큰 알을 품도록 조건화되어 있다. 큰 알에서 나온 새끼가 튼튼하게 자랄 가능성이 높기 때문이다. 그 본능에 따라 어미 새는 자기보다 커다란 알을 기어코 품어 부화시킨다.

인간도 다르지 않다. 남녀를 막론하고 우리는 적당한 허리·엉덩이 비율을 가진 이성 사진을 더 선호하도록 되어

165 　　　　　　　　　　　　　　　　　　　　중독

있다(진화적으로 남자는 0.9, 여자는 0.7의 허리·엉덩이 비율이 우수한 유전자와 양호한 양육 환경을 반영하는 건강의 신호로 지각된다고 한다).

SF 소설가 테드 창Ted Chiang은 소설 〈외모 지상주의에 관한 소고: 다큐멘터리〉에서 이에 대해서 아주 훌륭하게 요약한다.

"진화는 우리들에게 잘생긴 외모에 반응하는 신경 경로를 부여했고, 시각피질의 쾌락 수용기라고 부를 수 있는 이것은 자연환경에서는 유용한 자질이었지요. 그렇지만 백만 명에 한 명밖에는 없는 피부와 골상을 가진 사람에게 전문적인 메이크업과 수정을 가한다면, 여러분이 보게 되는 것은 더 이상 천연 형태의 아름다움이 아닙니다. 그것은 정제된 약제급級의 아름다움이고, 미모의 코카인입니다. … 우리의 미적 수용기는 우리가 진화로 얻은 처리 용량을 초과하는 자극을 받고 있습니다. 단 하루에 우리 조상들이 일생 동안 받은 것보다 더 많은 양의 아름다움을 보고 있는 겁니다. 그리고 그 결과 이런 아름다움은 우리의 삶을 천천히 파괴하고 있습니다."[5]

모든 게임 개발자들의 궁극적 목표 또한 게임이라는 초자극을 통해 간접적 방식으로 측좌핵에 전극을 심어 넣는 것이다.

현실 속에서 실패한 너무도 많은 아이들(그리고 이제는 성인들)이 게임에 빠져드는 이유도 게임이 엄청난 초자극이기 때문이다.

축구시합에서 공격수를 맡아 골을 넣고, 시험에서 1등급 안에 들고, 반에서 '짱 먹을' 정도로 싸움을 잘하게 되고, 대기업 취업에 성공하고, 내가 좋아하는 사람이 나를 좋아하게 되어 연애를 시작하는 것과 같은 인생의 일들은 쉽지 않을뿐더러 이루기까지 아주 오랜 시간이 걸린다. 게다가 한 번 실패하면 다시 시도하는 것이 불가능한 일들도 많다. 그러나 게임 속에서 아이템을 얻고, 레벨을 올리고, 미션을 완료하는 것은 실제 삶보다 훨씬 수월하고 금방 이룰 수 있고, 언제든 다시 시작할 수 있는 일이라, 우리 측좌핵은 활활 타오르지 않을 수 없다.

게임 속에서 우리는 금방 프리미어 리그의 축구 선수가 되고, 스나이퍼가 되고, 마법사가 되고, 영웅이 된다. 수백 명 중 한 명, 수만 명 중 한 명, 수천만 명 중 한 명이 평생에 걸쳐 겨우 이룰까 말까 한 일을 몇 시간(혹은 몇백 시간)만 투자하면 누구든 이룰 수 있다.

"게임과 비교한다면 현실은 망가져 있다."

문화이론가 제인 맥고니걸의 말이다.

우리나라 아이들이 유독 게임에 몰두해 있다는 것은,

중독

우리나라 아이들이 유독 일찍부터 좌절한다는 것과 연관이 있는 게 아닐까. 2012년 시행한 OECD 어린이·청소년 행복지수 조사에서 우리나라는 압도적 차이로 꼴찌를 했다. 그러니 앞 장의 분노공화국과 같은 맥락에서 중독을 권하는 사회라고 말해야 할지도 모른다.

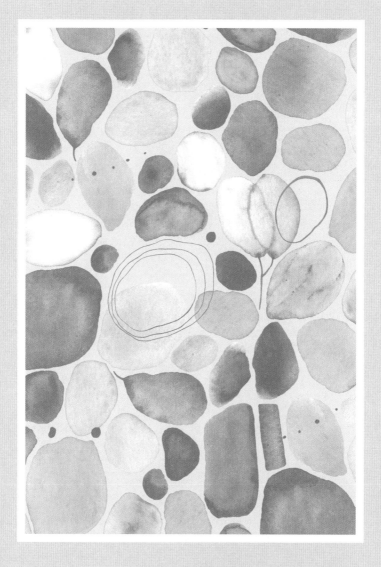

part 5

다섯 번째 얼굴
광기

"무엇이 확실하고 확정적이라고 보는 자는 미친 자들뿐입니다."
—몽테뉴, 『수상록』

＊

우리는 살다가 문득 '아, 정말 미치겠다'라며 푸념한다.

맘에 안 드는 사람이 있으면 뒤에서 '저놈 미친 거 아니야?'라고 속삭인다.

어느 날 갑자기 마음속으로 '이러다 미치는 거 아니야?' 하고 스스로 묻고 잠깐 불안해하기도 한다(많은 사람들이 외래에서 이렇게 호소한다. 그러나 많은 경우 미칠까봐 걱정이 되는 마음 상태는 미칠 수 있는 상태가 아니다).

그런데, 미친다는 것은 무슨 뜻일까?

광기에 빠졌다고 말할 때, 미쳤다고 말할 때, 제정신이 아니라고 말할 때 우리는 어떤 상황을 혹은 증상을 가리키는 것일까?

우리에게 광기는, 미친다는 사태는 낯설다.

그냥 조금 혹은 많이 안다의 문제가 아니라 질적으로 '안다', '이해했다'라는 것이 불가능하다는 느낌이 드는 것이다.

광기에 빠질 때, 평범했던 한 사람의 마음속에서 어떤 일이 일어나는지, 어떤 사태가 그들을(우리를) 저렇게(이렇게) 낯선 곳으로 데려가는지, 그리고 왜 우리는 '이상한 사람들'과 같이 있는 것을 그토록 두려워하는지, 광기는 언젠가 우리가 암을 극복하고 혈압을 치료하듯 정의하고 극복할 수 있는 질병인 건지, 나아가 정상과 광기를 정확하게 구분할 수는 있는 건지….

질문은 끝없이 이어진다.

미쳤다는 것은 무엇일까?

데이비드 로젠한David Rosenhan은 1972년 광기에 대한 가장 논쟁적인 실험을 했다. 법학과 심리학을 공부하던 로젠한은 자원자 여덟 명(물론 '멀쩡한' 여덟 명)을 모집하여 여러 곳의 정신병원을 방문하였다. 그들은 거의 한 달 동안 씻지 않고 이도 닦지 않은 채 병원에 가서 의사에게 "머리에서 '쿵' 소리가 나요"라고 말했다(그 외의 질문에 대해서는 거짓말을 하지 않았다). 그리고 그중 일곱이 조현병, 나

머지 한 명은 심한 양극성 장애로 진단되었다.

　물론 우리나라에는 지금도 이 실험을 하는 젊은 남자들이 있다. 조현병 진단을 받으면 군대 면제를 받을 수 있다는 이야기를 듣고 정신과를 찾는 십 대 후반 이십 대 초반의 아이들은 참으로 놀라운 용기와 투지 그리고 상상력들을 보여준다.

　로젠한이 이 사건을 정리해 《사이언스》에 발표한 후, 당연하게도 정신의학계에는 거대한 파문이 일었다. 로젠한의 목표는 명확했고 이를 검증하는 방법은 정확하고 우아했다. 그는 정신과적 진단의 자의성과 주관성을 문제 삼았고, 이 실험은 로젠한의 전제를 완벽하게 증명했다. 즉, 정신과적 진단은 측정가능한 객관적 지표 없이 의사의 주관적이고 자의적인 판단에 의해서 이루어지며, 따라서 과학이 아니라 (아무리 좋게 말해도) 일종의 시적詩的 행위이거나 개인적 혹은 사회적인 편견의 반영이며, 나아가 (솔직히 말하면) 어쩌면 사기에 불과하다는 것.

　이로부터 40여 년이 지난 지금, 우리에겐 아직도 광기와 정상을 구분할 수 있는 객관적 지표가 없다.

　조현병의 발병과 연관된 몇 가지 뇌의 해부학적 이상이나 신경전달물질 농도의 차이, 뇌파의 변화와 같은 것들이 알려져 있기는 하다. 그러나 임상 현장에서 '바로 이 사람'이 미쳤는가 그렇지 않은가를 판단해야 할 순간에 이 지표들은 의미가 없으며, 어떤 혈액검사 수치나 뇌영상 소견도 '미쳤다'는 결론을 내리는 데 도움을 주지 못한다. 우리는 여전히 행동을 관찰하고, 오래 이야기를 나누고, 어떻게 살아왔는지 이야기를 듣는 것을 통해 광기를 진단하는 수밖에 없다.

현재 정신과 임상에서 진단의 기준으로 쓰이는 DSM-5(『정신질환 진단 및 통계 매뉴얼 5판』)에서도 조현병 진단의 결정적 기준은(대개 다른 정신장애의 경우도 마찬가지인데) 어떤 특정한 증상이나 증후 혹은 지표의 이상 유무가 아니라, 특정한 문제들(망상, 위축, 와해된 사고, 환청 등)이 실제 그 사람의 삶에 문제를 일으키고 있느냐의 여부이다.

그렇다면 이러한 객관적 기준의 부재가 정신의학의 미개함을 증명하는 것일까? 언젠가 의학이 발달하고 기술이 발전하면 우리는 명쾌하고 확실한 기준과 도구를 가지게 될까? 광기란, 마치 암이나 감염처럼 명확하게 구분 지을 수 있는 실체일까? 오히려, 광기와 정상의 명확한 경계라는 것이 과연 존재하는지를 물어야 하는 것은 아닐까?

로젠한과 동료들은 '미친 척'을 했고, 미쳤다고 진단되었다. 그들은 '멀쩡한' 정신으로 안 씻고 빈둥거리다가, '멀쩡한' 정신으로 정신병원에 제 발로 찾아가, '멀쩡한' 정신으로 환청이 들린다고 고백했다. 목표는 합리적이었고 그에 따른 행동은 논리적이었으나, 그들은 과연 멀쩡한가?

　군대 면제를 위해 진료기록부에 정신병 진단이 남는 것도 감수하고, 정신병원에 입원해 약 먹는 것도 참아내며, 기괴한 행동을 마음껏 지어내는(나는 똥을 먹은 사람도 보았다) 저 청년들은 과연 멀쩡한가? 누군가가 마음먹고 광기를 흉내 낼 때, 그래서 그로 인해 스스로의 삶을 망가뜨릴 때(물론 망가진 삶이 뭔지에 대한 객관적인 기준도 없기는 하지만), 그 결단을 광기 말고 무어라 불러야 할까?

광기 안에서 비로소 우리는 멀쩡하다

　애덤 필립스는 『멀쩡함과 광기에 대한 보고되지 않은 이야기』에서 바로 이 광기와 정상의 경계에 대해 깊이 탐구한다. 책의 원제는 'Going Sane'인데, 이는 '광기에 빠지다' 혹은 '미치다' 혹은 '맛이 가다'라는 뜻으로 쓰는 관용구 'going insane'을 뒤집은 것이다. 필립스가 지적한 것처럼 우리는 'going insane'이라는 말은 많이 쓰지만 'going sane'이란 말은 쓰지 않으며, 광기가, 미친다는 것이, 제정신이 아닌 것이 무엇인지 끊임없이 이야기하지만, 정상이, 제

정신인 것이, 멀쩡한 것이 무엇인지는 잘 생각하지 않는다.

　필립스는 광기와 제정신의 미묘한 경계에 대해서 섬세하게 탐색하면서 우리가 광기와 단절하고 제정신으로 사는 것이 아니라, 광기를 끊임없이 피해서, 광기 위에 올라타서, 혹은 광기에 잠겨서 그 안에서 겨우 제정신을 유지하고 있다고 말한다.

　"멀쩡함은 우리 스스로 무서워하는 부분 때문에 삶에서 느낄 수 있는 쾌락이 파괴되지 않게 하는 재능이다."

　우리의 멀쩡함은 광기 속에 잠겨 있고, 그 광기 안에서 비로소 우리는 멀쩡하다.

　우리는 이토록 사랑스러운 여자 친구가 똥오줌을 싼다는 것을 잊어야 한다. (잊는 것이 멀쩡한 것인가, 그걸 잊지 못하는 것이 멀쩡한 것인가?) 밤에는 잠이 들어 의식이 사라지며 꿈속에서 경험한 말도 안 되는 일들을 그 순간에는 실제라고 믿었다는 것을 잊어야 한다. 연인과 사랑을 나눌 때 내가 타인 앞에서 옷을 다 벗고 부끄러운 몸의 구석구석을 다 드러내고 있다는 것을 잊어야 한다. (우리는 연인과 함께 알몸으로 있을 때 혼자 알몸일 때보다 더 편안함을 느낀다. 이는 멀쩡한 것인가?) 언제든 죽을 수 있으며 언젠가는 반드시 죽을 거라는 것을 잊어야 한다. (하루 종일 죽음을 생각하는 것이 멀쩡한 것인가, 가끔은 이를 잊어버리고 편안하고 나른한 시간을 즐기는 것이 멀쩡한 것인가?)

이렇게 광기 없이는 멀쩡함도 없다. 혹은 너무 멀쩡하면 미쳐버리게 될는지도 모른다. 소설가 조지 엘리엇George Eliot은 이렇게 쓴다.

"만약 우리가 예리한 시각과 모든 보통의 인간 삶에 대한 느낌을 가졌다면, 그것은 마치 풀이 자라는 것과 다람쥐의 심장이 뛰는 것을 듣는 것과 같을 것이고, 우리는 침묵의 다른 편에 놓여 있는 포효 소리에 의해 죽을 것이다."

어쩌면 엘리엇의 말대로 생生과 세계가 극도로 명료하게 들여다보이는 순간은 광기와 맞닿아 있는 건지도 모르겠다.

누구보다 선명하게 생을 들여다보았지만 결국은 광기 속으로 빠져들어 갔던 니체와 반 고흐를 보라. 논리적 사고의 한계를 증명한 불완전성 원리를 발표하였지만, 심한 편집적 불안 속에서 음식 속에 독이 있을까 두려워 굶어죽은 괴델Kurt Gödel을 보라. 참으로 아름다운 육체의 움직임을 보여주었지만 결국 30년 동안 사설 진료소에 갇혀 쇠락한 니진스키Vatslav Nizhinskii를 보라.

심한 편집적 불안과 충동적 공격성을 보이다가 채 마흔도 채우지 못하고 살인자로 쫓기다가 해변에서 변사체로 발견되었던 미켈란젤로 카라바조Michelangelo da Caravaggio의 그림을 들여다보자. 그는 밑그림 없이 그림을 그렸고, 술친구나 화류계 애인들을 모델로 종교화 속의 성인들을 그렸다. 술 마시고 급사를 두들겨 패고, 애인의 뚜쟁이를 칼로 찌르고, 경찰과 싸우다가 머리를 깨고 도망쳐 다녔다. 감옥에 일곱 번 갇혔고 이미 동시대에 성격이 "극도로 이상하다"는 평가를 받았다. 그렇지만 그가 그린 그림 속 인물에는 그 시대 누구도 따라올 수 없는 놀라운 빛이 머물고 있다.

만져질 듯한 팔꿈치, 감각이 느껴지는 피부, 감정을 담고 있는 손. 헤집어진 상처의 발간 속살.

카라바조는 당시까지의 그 어떤 화가보다 인간을 가까이 들여다보았고, 역사나 신화 속의 모호한 공기가 아니라 지금 여기 삶의 순간을 선명하고 섬세하게 묘사했다. 그가 그린 종교화를 포함한 모든 그림 속의 인물들에는 생생하게 살아있는 육체의 치명적인 달콤함이 배어 있다. 그림에 스며 있는 미묘한 성적인 흥분과 잔인한 단호함엔 삶과 죽음이 뒤범벅된 묘한 쾌감이 느껴진다.

어른이 되는 일

이렇게 광기와 명철함을 구분하는 것이 불가능한 게 사실이지만, 어떤 면에서 보면 우리가 태어나 성장하여 어

미켈란젤로 카라바조, 〈의심하는 도마〉(1601~1602)

른이 되는 일은 환각과 망상과 비현실적 환상을 천천히 줄여가는 과정이기도 하다.

둘째가 네 살 때 갑자기 아빠 발이랑 자기 발을 한번 대어보자고 한 적이 있다. 조그만 발을 내 발에 대더니 의기양양한 목소리로 외쳤다.

"봐! 내 발이 더 크지!"

여덟 살 큰아들은 팔씨름을 하자고 해서 한 번 져주고 한 번 이겼더니, 화를 내고 억울해했다.

"아빠보다 내가 더 힘이 센데!"

그러면서 왜 동생은 봐주고 자기는 안 봐주느냐며, 억울하다고 한다.

초등학교 5학년 때, 나는 당연히 아빠보다 씨름을 잘하는 줄 알았고, 엄마 따위는 안중에도 없었다. 그런데 엄마가 갑자기 팔씨름으로 나를 이길 수 있다고 진지하고 황당하게 우기시는 바람에, 전력으로 상대해드린 적이 있다.

그 패배의 충격을 아직도 잊을 수 없다.

아이들은 자신이 완전히 무력하여 부모 없이는 아무것도 할 수 없고, 하루도 생존할 수 없다는 사실을 천천히 '무의식적으로' 알게 된다(정신분석가 크리스토퍼 볼라스Christopher Bollas는 이러한 지식에 대해 '생각하지 못한 앎unthought known'이라는 적절한 용어를 붙였다. 그러니까 우리 마음속엔 생각해본 적은 없지만 이미 알고 있는 것들이 있다. 인생에는 이런 지식들이 제법 많다). 그러나 이러한 무력감은 아이가(어른인 우리도) 감당할 수 없는 감정이기에 우리는 이를 '내가 아빠보다 세고 엄마보다 강하다'는 환상으로 덮는다.

뽀로로는 춥디추운 극지방에서 부모도 없이 혼자 산다. 그러나 어떤 아이도 뽀로로에게 부모가 없다는 것을 어색하게 여기지 않는다. 몇 살 더 먹으면 아이들은 변신 로봇을 좋아한다. 무기력한 내가 갑자기 강력하고 거대한 존재가 되어 세상(부모)을 지키는 주인공이 되는 환상을 즐긴다. 주인공 차탄이 어리숙하고 덤벙대는 부모를 항상 몰래 지켜주는 〈카봇〉에서처럼 말이다. 조금 더 아이가 자라면 〈꼬마곰 푸우〉에서처럼 어른은 다리만 보이고, 아이의 삶에 거의 관여하지 않는 모습이 된다.

우리는 이렇게 조금씩 현실을 받아들인다.

다섯 살 때 내가 부모보다 강하다고 생각하는 건 '정상'이고 건강한 것이다. 열 살 아이가 그렇게 생각하면 철이 덜 든 것이고, 열다섯 된 청소년이 그렇게 생각하면 현실감각이 떨어져 있는 것은 아닌지 심각하게 평가해봐야 한다.

무력함을 지우려는 환상은 극도로 강력하여 눈앞에

빤히 보이는 사실을 왜곡할 수 있을 정도이다. 그러나 이 순간 우리가 "아들아 이것 봐, 아빠 발이 더 크단다. 자로 한번 재보자. 아빠 발은 275밀리미터이고 네 발은 120밀리미터야"라고 '팩트 폭격'을 하는 건, 치유가 아니라 말 그대로 공격에 가깝다.

부모는 누구한테 배우지 않아도 천천히 아이를 좌절시키는 법을 본능적으로 알고 있다. 처음에는 씨름 다섯 판을 다 져주다가, 천천히 한 판씩 이겨보는 방법으로 말이다.

이른바 '이행 대상'('중간 대상'이라고 많이 번역되나, 위니코트의 의도를 정확하게 반영한다면 이 용어가 조금 더 정확하다)에 대한 위니코트의 논의도 이와 통한다.

위니코트는 인간이 세상에 태어나면 처음에는 자기중심적 주관성 속에서 세상을 이해한다고 보았다. 갓난아기들은 자기가 모든 것을 마음대로 할 수 있다는 전능한 착각(환각과 망상) 속에서 산다. 그러나 좌절을 겪으면서 아이는 자기가 어찌할 수 없는 세상이 있고, 마음대로 할 수 없는 타인이 있다는 것을 아주 천천히 깨달아간다.

이러한 극단적 주관성과 냉철한 객관성 사이에 이행 대상이 존재한다. 객관적으로 존재하는 동시에 주관적으로 창조한 대상.

가장 유명한 건 만화 〈스누피〉에 등장하는 라이너스

의 담요이다. 어딜 가든 라이너스가 꼭 품고 질질 끌고 다니는 포근하고 따뜻한 '엄마.' 라이너스에게 이게 뭐냐고 물으면 '담요'라고 대답할 것이다. 그러나 한편으로 담요는 엄마이기도 하다. '상징적'으로가 아니라 '주관적 실재'로서 말이다.

위니코트는 "담요는 어른이 의미를 부여한 것도 아니고 아기의 내면에서 의미를 부여한 것도 아니지만 허상도 아니다"라고 쓴다. 아이 마음속에서 담요는 엄마이자 담요이며, 담요만도 아니고 엄마인 것도 아니다. 그런 이상한 '이행적' 대상이다.

✻

큰아들이 세 살 때, 방바닥에서 뒹굴 거리다가 옆에서 쉬는 내게 문득 이렇게 말한 적이 있다.

"아빠, 내가 나비였을 때, 이상하게 입이 있어서 말을 할 수 있었어."

"정말? 그래서 무슨 말을 했는데?"

"응, 펄럭펄럭 삐입삐. 그렇게 이상한 말을 했어. 크크크, 재밌지?"

세 살의 아이는 나비가 된다(될 수 있다). 아이는 자신이 정말 나비라고 믿지 않지만, 거짓말이라고 생각하지도 않는다. 나비였다고 말할 때 아이는 나비이다. '펄럭펄럭'이라고 말할 때 자연스럽게 팔이 따라서 펄럭거리고 아이는 그렇게 나비이다. 그러나 '삐입삐'라고 말할 때 아이는 '나비는 말을 못 해'라는 개념에 기대면서 다시 인간이 된다. 인간과 나비는 서로 스며들고 현실과 상상은 서로 뒤섞인다. '였던 것'과 '인 것'이 뒤섞이고 언어와 존재가 섞인다. 이 미묘한 스밈 속에서 살아가면서 아이는 조금씩, 조금씩 현실 쪽으로 다가온다. 우리는 잠깐씩 그 세상으로 발을 넣었다가 부끄러워하며 발을 뺀다.

현실과 상상 사이

이행 대상(세계)은 아이에게만 존재하는 게 아니다.

공을 차는 일에 세상 진지하게 몰두할 때(나는 아직도 공중보건의 시절에 지역축구대회 결승에서 승부차기 끝에 진 그날을 잊지 못한다. 그때 연장전이 끝날 무렵 내 발 앞에 왔던 공을 드리블 없이 바로 가볍게 밀어 넣었어야 했다. 왼쪽에 공간이 충분히 있었다), 예술가들이 몇 날 며칠에 걸쳐 천 쪼가리 위에 물감을 겹치고 지우고 하면서 모든 열정을 쏟을 때, 우리는 현실과 상상의 중간 지대에 있다.

프로이트는 1913년에 이렇게 썼다.

"예술은 소망을 좌절시키는 현실과 소망을 충족시키는 상상의 세계 사이의 중간 지대를 이룬다. 그 영역은 말하자면 전능에 대한 원시인의 갈망이 여전히 위력을 발휘하고 있는 영역이다."[1]

진료실에서 많은 엄마들이 애가 아직도 들고 다니는 인형을 어떻게 처리해야 하느냐고 묻는다. 빨지도 않으려고 하고 다 큰 사내애가 헝겊 인형을 들고 다니는 게 부끄럽다고 한다.

나는 인형의 의미를 설명하고, 그러나 절대로 아이에게 내 설명을 옮기지 말라고 당부하며, 기다리시라고 대답한다.

'아들아, 네가 들고 다니는 인형은 사실 네가 엄마 대용으로 쓰고 있는 거란다. 엄마가 없으면 너무 불안하니까, 인형을 엄마라 생각하고 위안하고 위로하는 거란다. 엄마가 없어도 엄마는 사라지거나 죽지 않으니 괜찮아. 그러니 인형은 이제 그만 들고 다니자'라는 말은 아이에게 어떤 위로도 깨달음도 주지 못한다. 오히려 아이는 억울해하거나 황당해하거나 분노할 것이다. 그리고 마음 깊이 뭔가 훼손되었다는 느낌이 어쩌면 오래 남을 것이다.

그러니 직접 말로 다루지 않고 지나가야 하는 일들이

있다.

위니코트의 말대로 담요는 결국 아이에게 외면당할 것이다. 이불이 싫어지기 때문이 아니다. 그냥 의미가 전과 같지 않기 때문이다. "작은 이불은 아기가 부모와 떨어지는 법을 서서히 배워감에 따라 그만큼 중요하지 않은 사물이 되는" 것이다.

그렇게 아이는 어른이 되어간다.

우리는 기다려야 한다.

사태의 무의식적 의미에 대해서 아이의 의식에 직면하는 것은 치유가 아니라 공격이기 때문이다.

프로이트는 정신분석 치료의 핵심이 환자의 무의식을 이해해서 해석으로 돌려주는 것이라고 말했다. 이렇게 '해석'이라는 행위는 항상 정신분석 치료의 가장 중심에 있었다. 하지만 정신과 의사로서 한 해 한 해 살아가면서 해석을 하지 않아도 되는 순간, 해석을 하지 않는 것이 필요한 순간이 점점 더 늘어나는 것 같다. 아이가 스스로 담요를 잊듯, 어떤 때는 증상이 스스로 사라지기를 기다려야 하는 경우도 있다. 홍시가 붉어지기를 기다리는 것처럼 말이다.

상당히 많은 순간 해석은 하나 마나 한 뒷북이거나, 치료자가 잘난 척하는 수단이 되거나, 환자의 열등감이나 수치심을 자극하는 비수가 되어버린다. 위니코트가 자신의 진료실에 '우리가 해야 하는 일은 얼마나 적은가'라는 표어를 붙여놓았다는 사실은 시사하는 바가 크다.

정신분석에서 분석가의 운명도 결국은 담요의 운명과 같다. 치료 자체가 시큰둥해지고 별로 중요하지 않게 되는 순간이 온다. 치료자도 상실감을 견뎌야 하는 시기에 도달하는 것이다.

4년 가까이 꾸준하게 상담을 진행하면서 조금씩 성장하던 스무 살 환자가 어느 날 갑자기 내게 이렇게 말한 적이 있다.

"선생님은 톰 요크(영국 록그룹 라디오헤드의 리더. 참말로 맹하게 생겼다) 닮은 거 같아요, 멍하고 구부정한 게 닮았어요."

그 말이 기쁠 수 있었던 것은 위니코트 덕이다.

균질한 광기는 없다

광기의 기준은 그래서 절대적일 수 없다. 시기나 나이에 따라 판단은 달라진다. 이는 좀 더 넓은 사회적 맥락에서도 마찬가지이다. 이제 우리는 시대마다, 지역마다, 그리고 문화마다 광기에 대한 기준도 달랐고, 관용도도 다르다는 것을 안다. 우리나라만 하더라도 1980년대 초반까지 동네마다 미친 형, 혹은 이상한 아저씨가 한 명씩은 있었다. 사람들은 그들의 기괴하거나 돌발적인 행동들을 감수하고 이해하고 감싸 안는 것을 당연하게 여겼다. 조금은 이상한 사람이라고 여겼지만 '미쳐'서 같이 있을 수 없는 존재라고 느끼지는 않았다(일고여덟 살 무렵 항상 대문 앞 계단에 앉아 지나가는 아이들에게 말을 걸던 동네 입구의 '이상한' 아저씨가 기억이 난다). 지금도 어떤 사회에서는 낯선 목소리를 듣고, 순식간에 넋이 나가는 사람들을 무당이나 의사로 모시면서 살아가고 있지 않은가.

흥미롭게도 사회정신의학 연구에 따르면 광기를 어떤 미덕이나 신적神的 특성으로 받아들이는 국가에서는 조현병의 예후가 좋다고 한다. 이는 분명 사회적으로 어떻게 받아들여지느냐가 삶의 질에 많은 영향을 미친다는 뜻이리라.

나아가, 문화마다 나름의 독특한 광기의 양식이 존재한다. 유명한 것으로는 서남아시아 남자들에게 보이는, 자신의 성기가 줄어들고 있다는 망상인 코로koro 그리고 말레이시아 남자들이 굴욕을 당했을 때 보이는, 심한 우울감과 정신착란을 동반한 폭력적이고 공격적인 행동을 가리키는 아목amok이 있다. 이러한 특정한 양식의 광기는 그 문화 속 사람들에게는 전형적인 양상과 증상을 보이면서 나타나지만, 다른 문화에서는 보이지 않는다. 광기 자체가 사회적, 문화적으로 규정되고 있을 뿐 아니라, 그것이 드러나는 양상조차 시대와 지역에 따라 다른 것이다.

모든 시대와 사회를 아우르는 균질한 광기란 존재하지 않는다. 정확하게 같은 이유로, 일관된 제정신이라는 것도 존재하지 않을 터이다.

＊

우리는 언제부터 광기와 정상을 구분하기 시작했던 것일까? 1961년에 출판된 박사학위 논문이었던 『광기의 역사』에서 푸코Michel Foucault는 17세기 유럽에서 광인이 규정되고 격리되는 과정을 꼼꼼하게 추적하였다. 그는 이를 통해 소위 '정상' 혹은 '제정신'이라는 것이 광기를 규정하고 광기를 밀어내는 작업을 통해서 이루어졌다는 것을 증명하려고 했다. 원래부터 미친 사람이 있고 멀쩡한 사람이 있는 것이 아니라, 제도, 법, 조직 그리고 담론을 통해 광기란 무엇인지를 수십 년에 걸쳐 규정하는 작업(물론 계획적이기만 했던 건 아니지만)을 거치면서 천천히, 아무도 모르게 광기가 병이 되고, 그렇게 병으로 규정되지 않은 여집합이 '제정신'의 자리로 배분되는 과정을 거쳤다는 것이다.

이러한 생각의 연장에서 1970년대에는 서구 사회 전체에 거대한 반정신의학 운동이 일어났고 그 핵심에 광기에 대한 문제제기가 있었다. 사람들은 정신과적 진단의 자의성을 문제 삼았다. 정신의학이 인간이 다양하다는 것을 무시하고 있을 뿐 아니라, 특정한 사회가 원하는 특정한 인간형을 정상이라 규정하면서, 그 기준에 도달하지 못하거나 그 기준이 싫은 사람들을 '미쳤다'라고 낙인찍었다고 비판했다. 이에 따라 많은 수의 정신병원이 문을 닫았다.

들뢰즈Gilles Deleuze는 1972년에 출판한 『안티 오이디푸스』에서 한 걸음 더 나아갔다. 그는 정신분열병을 서구사회가 규율을 잘 지키는 노동자를 키우기 위해서 인위적으로 만들어낸 질병으로 간주했다(요즘은 ADHD에 대해서 이런 이야기를 하는 사람들이 있다). 앞서 이야기했던 오이디푸스 콤플렉스가 들뢰즈에게는 가장 자본주의적인 편견으로 부각되었다.

들뢰즈가 보기에 오이디푸스 콤플렉스는 아이가 자라나면서 정상적으로 거쳐야 하는 순리가 아니라, 아버지의 말, 즉 사회의 규칙을 잘 지키고 자신의 욕망을 참는 순종적 인간을 정상 인간형으로 규정하는 비겁한 과정이었다. 따라서 오이디푸스 콤플렉스는 기존의 가치를 아이에게 강요하면서 자신의 욕망과 본성에 충실한 인간을 억압하는 기제였고, 자율성과 창조성을 병으로 규정하여 억누르는 작업이었다.

들뢰즈에게 망상이나 환각, 혹은 기괴한 행동과 같은 조현병 증상들은 창조적 자발성의 분출이었고, 자아의 변형 가능성을 보여주는 예술적인 존재 양식이었다. 그래서 그는 광기를 찬양했고, 정상과 광기의 관계를 완전히 뒤집어버렸다.

광기의 내면

하지만 이 역시 멀쩡한 사람이 보는 광기의 외면일 뿐이다. 광기의 내면을 보는 것은 가능할까?

진료실에서 나는 수많은 광기의 목소리를 듣는다. 그러나 그 내면의 고통에 접촉하는 일은 쉽지도 않고 자주 일어나지도 않는다. 어쩌면 진단이 거리를 만들고 불편한 공감을 피할 수 있도록 도와주는지도 모르겠다.

무표정한 얼굴 뒤에 얼마나 날카로운 불안이 감추어져 있는지 우리는 잘 모른다. 마음의 미세한 움직임에도 불안해지고 습격할 듯 죄어오는 세계 속에서 산다는 것이 얼마나 괴로운 일인지 공감하기도 힘들다. 수십 년간 이음매 없이 흘러가던 시간과 사고의 흐름이 어느 날 갑자기 부서지고 조각나고 흩어지는 것을 감지하는 것이 얼마나 깊은 공포를 불러일으키는지, 기쁨과 즐거움이 점점 희미해져 가고 불안으로부터 도피하기 위해 점점 더 무감각의 껍질을 스스로 둘러쓰는 일이 자신의 내면을 얼마나 황폐하게 하는지, 그리고 그런 자신을 두려운 표정으로 피하는 사람들 속에서 하루하루 생활하는 것이 얼마나 외롭고, 그 외로움마저 희미해질 때 느끼는 안개처럼 뿌옇고 경계도 대상도 없이 퍼지며 스미는 무無의 감각은 어떤 느낌인지….

"나는 후원회에 있었다. 갑자기 나는 그 방이 거대해지는 것을 보았다. 끔찍한 빛이 그 방을 비추고 있는 것 같았다. … 학생들과 여선생들이 이유도 목적도 없이 움직이는 꼭두각시 인형들처럼 여겨졌다. … 나는 대화 내용에 귀를 기울였다. 그러나 그 말들을 포착할 수가 없었다. 목소리들이 음색도 온기도 없는 금속성으로 들려 왔다. 때때로 한 단어가 전체 문장에서 떨어져 나왔다. 그 단어는 나의 뇌 속에서 마치 칼로 도려낸 것처럼 부조리하게 반복되었다. … 그녀(지도교사)의 미소는 나를 안심시키기는커녕 내 불안과 당황을 증폭시킨다. 왜냐하면 그녀의 치아가 하얗고 고른 것이 보였기 때문이었다. 치아는 눈 부신 빛을 받아 반짝이고 있었다. 생김새는 분명 치아였음에도 불구하고, 곧 그것들은 내 시야를 온통 점령했다. 마치 그 방 전체가 가혹한 빛을 받고 있는 치아들뿐인 것 같았다."[2]

이 글은 미셸 푸코가『정신병과 심리학』에서 인용한, 실제 조현병을 앓았던 한 소녀의 기록이다.

인식과 감각과 감정이 얼크러지는 당혹스러운 세계.

우리가 흔히 자리에 누워 멍하게 이런저런 상상의 나래를 펼 때처럼 이 세계는 가볍지도 않고, 꿈처럼 휘발되어 날아가지도 않는다.

빠져나올 어떤 틈도 없이 옥죄는 단단하고 무거운 세계.

절대로 깨어나지 못하는 악몽처럼 집요한 공포에 잠긴 채 그들은 근근이 버티는 것이다.

어쩌면 지나치게 생생하게 삶을 경험하는…

쿠사마 야요이草間彌生의 작품은 이러한 정신적 혼란의 세계를 명료한 이미지로 재현한다. 실제로 평생에 걸쳐서 편집적 망상과 환각에 시달렸던 쿠사마 야요이는 정신병원 근처에 작업실을 마련하고 입퇴원을 반복하면서 작품 활동을 했다. 대표적인 도트 작품들을 위시한 다양한 작품들은 현실 속에 침입하여 현실을 안에서부터 일그러뜨리는 환각과 불안을 우리에게 가장 '리얼하게' 보여준다.

"실제 경험하기 전에는 미친다는 것이 무엇을 의미하

는지 우리는 알 수 없다. 우리는 우리 자신에게 이런 일이 생기리라 생각하지 않는다, 그리고 만약 벌어지더라도, 그게 이런 식으로 벌어진다는 것을 도저히 믿을 수 없을 것이다."[3]

광기 속에 있는 이들은 의사 앞에서는 병이라는 것을 인정하지만, 추적자를 잡기 위해 골목과 방 안에 CCTV를 설치하고, 자꾸 이사를 하면서 정부에 편지를 보내는 걸 멈추지 않는다. 병원에서 상담을 받고 약은 먹지만, 생생하고 절박한 걱정과 불안을 버리기엔 이미 늦었다. 버스 뒷좌석에 모여서 수군거리는 사람들이 나에 대해서 이야기하지 않을 수 있다는 것은 인정하지만, 차라리 버스에서 내려버린다. 그리고 이젠 사람이 많이 모인 곳을 피하기 시작한다. 지하철이나 버스도 타지 않는다. '병일 수도 있는 것 같아요, 그렇지만 어쩔 수 없어요…'라고 말하며, 병 속으로 들어간다.

진료실에서 지금의 상황과 치료해야 하는 이유에 대해서 말한다. 그러면 그들은 '왜 나는 미쳤고 너는 정상이냐'고 묻는다.

자신이 느끼고 생각하며 거주했던 세계를 '미쳤다'는 말로 무화시키면서 한갓 망상이나 헛된 경험으로 너무 쉽게 치부하는 것에 대해 항의한다.

자신이 미치지 않았고 자신의 세계가 옳다고 말하는 것이 아니다. 객관적 현실이란 존재하지 않으며 각자가 자신만의 주관적 현실밖에 없는 것 아니냐며 양비론을 펼치려는 것도 아니다. 자신이 겪었던 일이 우리의 현실만큼 생생했다는 것, 그 고통과 불안과 두려움은 '진실로' 절절했다는 것을 말하고 싶어 하는 것이다.

실제로 조현병 환자를 만나고 이야기를 나누면서 느끼게 되는 것은 이들에게 환각과 망상은 우리 것과 똑같은 '진짜' 현실이라는 것이다. 그들은 우리만큼(나는 그들과 우리를 형식적으로 나누고 있을 뿐이다) 생생하게, 어쩌면 지나치게 생생하게 삶을 경험한다.

오히려 마음에 구축된 세계가 지나치게 생생하고 논리적이기에 그들은 이에 대해 거리를 두고 생각하지 못한다. 우리가 꿈이나 백일몽을 가지고 놀 듯, 그들은 그 세계를 가지고 놀지 못한다. 마치 나무에 박힌 쐐기처럼 그 세계에 꽉 틀어박혀 있어 자신을 압도하며 짓누르는 세상과의 거리를 유지하는 게 불가능해지는 것이다.

그렇기에 항상 강렬한 불안과 공포에 휩싸여 있다. 그들에겐 '이래도 괜찮고 저래도 괜찮고'가 없다. '안 되면 말고 되면 좋고'도 없다.

그러므로 어떤 편안함이나 여유도 없고, 기쁨이나 즐

거움도 없다.

우리의 일상 대부분을 지배하는 서로 모순되는 감정의 양립(이를 우리는 양가성이라 부른다)도 불가능해서 사랑 속에 미움이 있고, 여유 속에 지루함이 있고, 불안 속에 설렘이 있고, 우울 속에 날카롭고 미묘한 기쁨이 있는, 삶의 모든 곳에 스며 있는 복잡성이 사라진다. 그늘 속엔 온통 어둠뿐이고, 햇살 속에는 온통 환한 빛뿐이라서 명암과 계조의 미묘한 놀이가 사라져 버린다.

우리가 현실 감각을 유지할 수 있는 건 현실을 가끔 가지고 놀 수 있는 여유가 있기 때문일지도 모른다. 이들은 그게 불가능하다.

앙소르James Ensor의 그림 〈1889년 그리스도의 브뤼셀 입성〉을 본다. 저 수많은 사람들 얼굴에 하나같이 똑같은 잔인한 조소가 스며 있다. 앙소르는 평생 혼자 살았다. 놀라울 정도로 우아한 색채 감각과 탁월한 묘사력을 갖추었으나, 자기중심적인 성격과 타인과의 감정적 교감 부족에서 기인한 세상에 대한 비비 꼬인 냉소와 억압된 분노가 대부분 그림의 주제가 되었다.

사람들은 성격적 결함이라고 이야기하나, 그의 창조력이 이미 삼십 대에 고갈되었다는 것, 극도로 편집적으로 사람을 대했다는 것 등을 볼 때 앙소르는 지금 살았다면 조

196

제임스 앙소르, 〈1889년 그리스도의 브뤼셀 입성〉(1888)

현병 진단을 받을 가능성이 크다.

✽

광기에 대한 탐구는 지난 100년 동안 정신분석의 가장 큰 주제이기도 했다. 프로이트는 평생 단 한 번도 정상성과 병리를 둘로 잘라낸 적이 없었다. 그는 이렇게 썼다.

"모든 정상적인 사람은 그야말로 대체로 정상적일 뿐이다. 그의 자아는 이 부분 또는 저 부분에서, 좀 더 큰 정도로 또는 좀 더 작은 정도로 정신병 환자의 자아에 근접한다."[4]

그러면서도 병리로서의 광기의 존재에 대해서는 전혀 의문을 가지지 않았다. 프로이트에게 광기는 정신분석을 통해서는 치료가 불가능한 영역이었다. 프로이트는 언젠가 생물학적 발전을 통해 광기를 치료할 수 있게 되기를 소망했다.

라캉 역시 프로이트와 같은 이중적인 태도를 견지했다.

그는 근본적으로 인간 정신의 구조 자체가 자신에 대한 소외를 통해서 만들어진다고 말했다. 라캉의 유명한 '내가 누구인지 말할 수 있는 자는 누구인가?'라는 질문이 품고 있는 의미는 바로, 내가 나 자신에 대해서 생각하고 성찰할 때, 나는 이미 그 자리에 있지 않으며(못하며), 타자의 자리에서 사유'당한다'는 것이다. 한 걸음 더 나아가 이러한 방법 외에는 사유라는 것 자체가 불가능하다고 말한다.

거울을 예로 들어보자.

우리는 거울을 보고 그 안에서 나를 본다. 내 얼굴이 저렇게 생겼구나 알게 된다(라캉은 엄마의 눈동자가 첫 번째 거울이라고 했다). 저게 나로구나 한다. 그런데 내가 나를 인식하는 이때 이미 나는 나의 밖에 있으며 타인이 나를 보듯 스스로를 보고 있다. 라캉식으로 말하면 타인의 자리에 서지 않으면 나를 볼 수 없는 것이다.

나는 항상 남의 자리에서 사유하며, 그렇지 않고서는 나라는 존재 자체가 성립하지 않는다. 다시 말해 나는 착각과 오해 속에서, 내가 독립적이며 자율적이라는 망상 속에서, 겨우 멀쩡할 수 있다는 것이 라캉의 주장이다. 하지만 라캉도 이러한 '정신증적' 주체와 병리적인 정신증 증상 자체는 구분했다(이러한 일견 모순된 입장 없이는 광기를 다루는 것이 불가능한 건지도 모르겠다).

융은 여기서 멈추지 않았다. 융은 광기를 우리의 무의식이 의식에게 주는 일종의 메시지이자 계시로 여겼다. 마치 꿈이 그렇듯이 말이다. 자서전 『기억, 꿈, 사상』을 보면 융의 삶 역시 온갖 신비롭고 환각적인 일로 가득하다. 그리고 그는 삶에서 중요한 결단을 내릴 때 꿈의 메시지를 따랐다(그가 정신과 의사가 된 것도 전날 꾼 꿈 때문이었다).

광기를 이해할 수 있는 가장 일상적 순간, 꿈

꿈속에서 나는 선동열과 캐치볼을 하고 있었다. 선동열이 던진 공을 잡지 못해 공이 절벽으로 굴러떨어졌다. 공을 찾아 절벽 아래로 내려가자 커다란 중세풍 성이 보였다. 나는 성으로 들어갔다. 성 안에는 아무도 없었고 계단을 따라 오르자 아프리카 원시 부족의 것으로 보이는 가면과 방패들이 벽에 걸려 있었다. 어느 순간 나는 경찰에 쫓겼다. 개로 변했다가 마지막에는 투명하고 얇은 유리로 변했으나 경찰을 따돌리지는 못했다. 성의 꼭대기에서 나는 유리창 깨지듯 와장창 부서졌다.

꿈에서 깨어보니 나는 사실 그 성의 왕이었다. 넓은 홀 주변으로 사람들이 있었고 내 바로 옆에는 왕비가 누워 있었다. 사람들은 왕비가 많이 아프다고 했다. 걱정하던 나는 진짜로 잠에서 깨어났다.

한참 융을 혼자 찾아 읽던 스물두 살 때 꿈이다. 그때는 의대를 그만두고 국문과나 철학과에 가서 평생 책을 읽고 싶다는 갈망과 5대 종손이자 편모 가정의 장남으로서 집안을 책임져야 한다는 책임감 사이에서 어쩔 줄 모르고 방황하던 때였다. 이 꿈 덕에 나는 약간의 중심을 얻었다. 내 안의 여성성이 과도한 책임감에 짓눌려 있는 거라고 마음대로 해석했다. 결국 대학을 자퇴하고 인문대에 다시 입학하는 것은 포기했지만, 대신 조금 더 생각을 줄이고, 하루 종일 심각하게 책만 읽던 것도 그만두었다. 너무 마시던 술도 줄이고, 혼자 살던 자취방을 옮겨 친구랑 함께 살면서, 화투 치고 당구 치고 놀기 시작했다.(응?)

*

어쩌면 우리가 광기의 내면을 이해할 수 있는 가장 일상적인 순간은 바로 꿈일지도 모른다.

프로이트가 우리 정신을 이해하는 왕도로 떠받들었던 꿈은 뇌과학이 발달하고 정신분석이 폄하되던 시기에 길섶에 버려졌다. 그런데 꿈에 대한 이해가 조금 더 깊어지면서, 오히려 꿈에 대한 프로이트의 이론이 재평가받기에 이르렀다.

현대 뇌과학자들이 밝혀낸 바에 따르면 꿈은 새롭고 낯선 경험들을 우리 안의 오랜 기억 및 감정들과 연결해서 우리의 것으로 만들어준다(프로이트가 꿈의 해석을 통해서 현재 경험에 과거 감정을 연결시켰듯 말이다). 꿈을 통해 그날의 사건이 우리 삶의 유장한 흐름 속에서 나름의 의미를 찾아 자리잡는다.

위장을 통해 밥을 우리의 살과 피로 만들듯, 꿈을 통해 세상은 우리의 일부가 된다. 우리가 생을 소화하여 우리 것으로 만들기 위해서는 반드시 의식을 잃어야 하고, 아무것도 판단하지 않고 있는 그대로 경험하는 광기 속으로 매일 빠져들어 가야 하는 것이다.

셰익스피어는 말년의 희곡 『템페스트』에서 이렇게 쓴다(내가 가장 사랑하는 문장 중 하나다).

"우리는 꿈과 동일한 물질로 되어 있고, 우리의 하찮은 인생도 잠으로 둘러싸여 있구나."

정신분석가 비온은 꿈의 이러한 역할을 과학적 발견(재발견) 이전에 이미 알고 있었다.

"당신에게 환상이 없고 꿈이 없기 때문에, 당신은 당신의 문제를 생각할 수 있는 수단을 갖고 있지 않습니다."

비온 식으로 말하면, 우리가 뭔가에 대해서 생각하고 느끼기 위해서는 일단 그에 대해서 꿈을 꿀 수 있어야 한다.

꿈은 외부 세계가 우리 내면으로 들어오는 것을 조율하는 세포막 같은 것이다. 현실 감각이 사라지고 환상이 중력과 상관없이 피어오르는 꿈을 통해서, 우리는 천천히 내가 맞닿은 세상을 받아들인다.

✳

정신분석가 멜라니 클라인의 아들은 이른 나이에 죽었다. 클라인은 아들과 함께 하늘을 날다가 아들이 추락해 바다로 떨어지는 꿈을 꾸고 나서야 비로소, 울고 애도하고 마음에서 아들을 떠나보낼 수 있었다(클라인은 자신의 이 경험을 마치 다른 사람 이야기인 양 논문에 썼다).

"꿈꾸기의 일부로서 내가 존재하고, 꿈꾸기가 나를 탄생시킨다고 말해야 할 것입니다. 우리는 마치 우리가 꿈속에서 벌거벗었다고 느끼듯이, 꿈이 우리의 기본적 자기에 관한 진실과 접촉한다고 느끼듯이, 날것 그대로의 삶을 맛보기 위해 꿈에 잠시 몸을 담급니다."[5]

그러니 열심히 살기 위해 잠을 덜 자는 것은 삶을 덜 사는 것이다.

우리는 언제나 환각을 겪고 있다

우리는 환한 대낮에 일상을 살다가 어느 순간 까맣게 잊었던 지난 밤 꿈 한 조각이 스윽 떠오르는 일을 경험한다. 문득 그 꿈의 다른 단편들도 반딧불이 어둠 속에서 처음 빛을 내듯 출현한다. 그리고 꿈속에서 겪고 느꼈던 감정들이 이미, 내가 알지 못하는 사이, 현실 세계를 바라보는 내 자아 감각의 일부가 되어 있다는 것을 깨닫게 된다.

에밀리 브론테의 소설 『폭풍의 언덕』에서 히스클리프는 이렇게 말한다. "내 마음속에 계속 남아서 생각까지 바꿔버리는 그런 꿈을 꾸거든. 마치 물에 포도주가 섞이듯 그 꿈들은 내 마음 구석구석 스며들어 그 빛깔을 변화시키지."

꿈은 우리 감정 경험의 일부이며, 현실의 감정 경험과 비교할 때, 그 중요성이나 '현실성'은 하나도 뒤떨어지지 않는다. 오히려 앞서 말한 이론가들의 이야기대로, 꿈을 통해 최근의 감정이 내 삶의 유장한 감정의 강에 합쳐지지 않는다면, 우리는 삶과 기억을 통합하는 데 실패하게 되는지도 모른다.

한 연구에 따르면 조현병 환자들은 일반인에 비해 꿈을 덜 꾼다고 한다. 이미 깨어서 꿈을 꾸고 있기에 꿈꿀 필요가 없는 것일까.

꿈의 가장 당혹스러운 측면은 멀쩡한 우리가 매일 밤 꿈속에서 그 말도 안 되고 황당한 상황을 너무도 자연스럽고 당연하게 '현실'이라고 믿는다는 것일 터이다. 꿈속에서 누가 우리에게 '대체 네가 이러는 게 말이 되느냐'고 묻는다면, 우리는 미친 사람 취급당한 것에 분개하며 화를 낼지도 모른다. 그런데, 사실 이런 일은 현실에서도 생각보다 자주 일어난다.

＊

나는 어떤 여자의 생기 없는 왼손을 그녀의 눈앞에 보이며 "이것은 누구의 팔입니까?" 하고 물었다.

그녀는 내 눈을 쳐다보면서 화를 내며 말했다.

"이게 도대체 누구 팔인데 내 침대 속에 있는 거예요?"

"누구 팔일까요?"

"내 오빠의 팔입니다." 그녀는 단호하게 대답했다.

"왜 그것이 오빠의 팔이라고 생각합니까?"

"크고 털이 많아서요. 내 팔에는 털이 없습니다."[6]

위의 대화는 신경과학자 라마찬드란이 만난 환자의 실례다. 대화를 읽어보면 여자는 미친 것(혹은 꿈을 꾸고 있는 것)이 틀림없다. 두 눈 멀쩡히 뜨고 제 팔을 보면서 남의 팔이라고 한다. 그러나 사실 이 여인은 오른쪽 뇌 일부에 출혈이 있는 신경과 환자로서, 몸 왼쪽에 대한 인식에 문제가 있는 것을 제외하고는 현실 감각이나 일상생활에 아무런 문제가 없다. 오로지 자신의 왼쪽 몸이 문제가 될 때만 여인은 말도 안 되는 이야기를 하면서 자신의 몸이 아니라고 믿는다. 이 여인은 미친 걸까, 아닌 걸까.

여자는 제 몸에 멀쩡히 붙어 있는 팔을 오빠 거라고 한다. 아무리 설득을 하고, 만져보라고 하고, 명백한 사실을 지적해도 믿음은 변하지 않는다.

환자의 과거력이나 뇌영상 사진을 보여주지 않은 채 의사들에게 이 대화를 보여주면 어떻게 반응할까?

아마도 대부분은 우선 프로이트가 부인denial 혹은 부정negation이라고 이야기한 심리적 방어기제를 떠올릴 것이다. 심한 신경증 그리고 정신증에서 흔히 보이는 증상들이다. 그리고 설득 불가능한 비현실적 사고라는 의미에서 망상을 거론할 것이다. 쉽게 이야기해서, 미쳤다는 결론을 내릴 수밖에 없을 것이다.

그러나 우측 두정엽으로 가는 혈류를 잠시 정지시키면, 우리는 모두 같은 증상을 겪게 된다. 곧, 뇌의 특정 부분의 작은 이상만으로도 우리의 현실 인식은 심각할 정도로 왜곡되며(더 놀라운 것은 이러한 현상은 가역적이라는 것이다. 피가 다시 흐르기 시작하면 우리의 현실 감각도 제자리로 돌아온다), 그들은(그리고 우리는) 이러한 상황에서 어떠한 부적절감도, 상황의 불합리함도 느끼지 못한다. 마치 광기에 빠진 환자들이 그 상황에 대해서 절대적 확신을 갖듯, 우리 역시 어떤 논리도 설득도 통하지 않는 절대적 확신 속에서 자기 왼팔을 부인(어떤 환자는 이 괴이한 덩어리를 제발 잘라 달라고 의사를 괴롭히기도 한다)하게 된다.

라마찬드란은 이렇게 말한다.

"과장되게 말하면, 우리는 언제나 환각을 겪고 있다. 우리가 지각이라 부르는 것은 현재의 감각적 입력에 그중 어떤 환각이 가장 잘 부합하는지 결정함으로써 이루어진다."[7]

'맹점'의 존재가 가장 명백한 실례이다.

우리 눈의 망막에는 시신경 때문에 시각세포가 존재하지 않는 부분이 있다. 이 때문에 우리가 보는 세상에는 사실 항상 보이지 않는 부분이 있을 수밖에 없다. 그러나 우리가 이를 느끼지 못하는 이유는 뇌가 시각 자극이 없는 부분을 매 순간 환각으로 적당히 채워 넣기 때문이다. 따라서 환각이 없으면 현실에 오류와 결함이 생긴다.

깨어있는 매 순간 어떤 면에서 환각은 현실의 일부이며, 현실을 인식하기 위해서는 환각이 필요하다.

더 나아가, 우리 모두는 환각을 욕망하고, 환각이 들킬까 두려워하기까지 한다.

우리는 영화의 컴퓨터 그래픽이 가짜라는 것을 알고 있다. 그러나 한사코 그 가짜가 진짜처럼 보이기를 원하고, 가짜처럼 보일까 봐 안절부절못한다. 그러면서 동시에 은밀하게 오류를 찾는다. '와, 저 스파이더맨 날아가는 것 봐, 진짜 같아'라고 감탄하는 동시에, 실이 매여 있는 위치를 확인하고 스파이더맨의 움직임이 얼마나 우리의 중력에 대한 감각과 일치하는지 꼼꼼하게 매 순간 평가하면서 조금이라도 어색한 순간이 보이면 기뻐한다. 세상이 우리를 속여주기를 간절히 바라면서, 우리를 속일까 봐 초조해한다.

이렇게 광기는 분명하게 구분되는 병리적 문제임과 동시에 우리의 생 모든 구멍에 스며 있는 건강함의 징표이기도 하다. 우리는 일상적으로 그 미묘한 구분선을 편안하게 밟고 살지만, 밤이 찾아오고 눈보라가 치면 언제든 검은 어둠과 흰 눈 속에서 그 선은 희미하게 지워질 수 있다.

사람들이 유독 미친 사람을 두려워하는 건, 자신의 내면에서 항상 미친 부분을 발견하고 있기 때문일는지도 모른다.

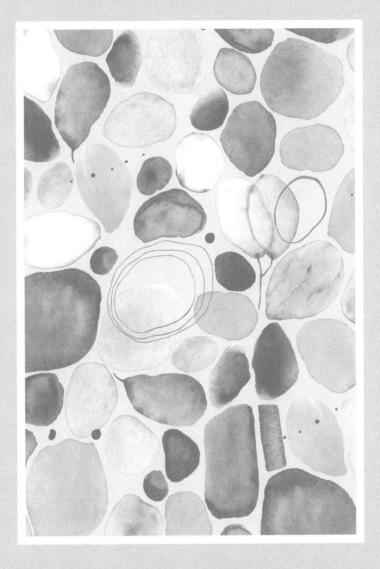

part 6

여섯 번째 얼굴
사랑

"사랑은 배설물이 있는 곳에 자신의 집을 짓는다.
그 무엇도 찢기지 않고서는 혼자가 되거나
전체를 이룰 수 없기에."
―Y. B. 예이츠, 〈미친 제인이 주교와 이야기하다〉

＊

“사랑합니다, 고객님”이라는 말을 대체 어떻게 받아들여야 하는지 모르겠다. 언젠가부터 전화에서도 백화점에서도 들려오는 이 인사는 아무리 들어도 익숙해지지 않는다.

마침내 사랑에 '특이점'이 도래한 것일까? 새로운 범인류적 사랑의 방식이 가능한 것인가?

그럴 리 없다.

사랑에서는 '내가 사랑한다'만큼 '당신을 사랑한다'가 중요하기 때문이다. 세상에서 하나뿐인 당신, 유일무이한 당신이 특별하다는 인식이 사랑의 바탕에 있다. 따라서 우리는 고객님을 사랑할 수는 없다. 정말로 사랑이 닿는다면 그 순간 고객님이 당신으로 변할 터이다.

그렇다고 내가 당신을 사랑하는 것이 당신을 알기 때

문은 아니다. 모르는 당신을 사랑할 수는 없지만, 내가 당신을 알아서 사랑에 빠지는 것은 아니라는 말이다. 아는 것과 사랑하는 일은 별개라서, 우리는 사랑할 사람을 결정할수 없고 내가 왜 이 사람과 사랑에 빠지는지 알지 못한다. 그래서 이상형이라고 말하는 사람과 실제로 사랑에 빠지는 사람이 다를 때가 많다.

'절대로 우리 아빠 같은 사람은 만나지 않겠어'라고 다짐하는 많은 여성들이 결혼하고 보니 아빠랑 너무 닮아서 미치겠다고 진료실에서 호소한다.

"누군가 내게 왜 내가 그를 사랑했는지를 묻는다면, '그였기 때문이고 나였기 때문이다'라는 말밖에 할 수 없다."[1]

결코 꿈도 꾸지 못한 감정 속으로

내가 아닌, 그래서 절대로 알 수 없는 당신.

서양철학은 이 대상을 타자라고 부른다. 그리고 타자에 대한 사유는 현대철학의 가장 깊은 주제 중 하나이다. 레비나스Emmanuel Levinas나 바디우Alain Badiou 같은 현대 철학자들은 내가 알 수도 없고 나랑 같지도 않은 존재를 어떻게 긍정할 것인가에 대해서 깊이 사유하는데, 결국 이는 사랑에 대한 성찰로 이끈다. 그래서 바디우는 현대 철학책치고는 너무도 촌스러운 제목인 『사랑 예찬』이라는 책을 쓰기도 했다(아주 사랑스러운 책이다).

바디우 말마따나 타자가 없으면 절대로 도달할 수 없는 마음의 상태가 있고 그중 하나가 사랑이다. 사랑은 타인이 존재하기 때문에 생겨난다.

우리가 스스로를 간지럽힐 수 없듯(뇌과학자들에 따르면 간지러움을 느끼려면 예측이 불가능해야 한다. 즉 내가 아닌 타인만이 나를 간지럽힐 수 있다), 사랑은 스스로 솟아나지 않는다.

사랑은 근본적으로 수동적인 감정이라 우리 안에서 생겨나지만 우리는 이를 어찌하지 못한다. 그래서 사랑에 '빠지거나', '휩쓸려 들어가는' 것이다. 그 사람을 사랑하려고 마음먹을 수 없는 것이다. 사실 사랑이라는 감정이 그토록 매혹적인 이유도 아마 그 때문일 것이다.

이탈리아의 현대 철학자 아감벤Giorgio Agamben은 행복에 대해서 이렇게 썼다.

"진정으로 우리가 누릴 수 있는 행복은 우리가 누릴 수 있으리라고는 결코 꿈도 꾸지 못한 행복뿐이다."[2]

사랑은 우리가 누릴 수 있으리라고는 결코 꿈도 꾸지 못한 감정 속으로 우리를 이끈다.

프로이트 정신분석의 가장 혁신적인 측면은 마음을 이해하고 변화시키는 데 이 타자의 존재가 필수적이라는 사실을 발견했다는 것에 있다. 어쩌면 이것은 무의식보다 더 중요한 발견일지도 모른다.

✼

왜 꼭 정신분석을 혹은 심리치료를 받아야 하느냐는 질문을 받을 때가 많다. 대신 책을 열심히 읽어보겠다고 하고, 의지를 가지고 자신을 바꿔보겠다고 한다.

나는 우선 감정은 처음부터 타인과의 관계를 통해 형성되고 패턴화되는 것이기 때문에 이를 바꾸기 위해서는 다른 '관계'가 필요하다고 설명한다. 그리고 감정을 담당하는 뇌는 상당 부분 우리가 말을 배우기 전인 생후 첫 3년 동안 형성된 거라서 '긍정적으로 되자', '상처받지 말자', '조금 더 당당해지자'와 같은 말로 하는 명령들은 감정을 담당하는 뇌를 바꾸는 효과적 방법이 되지 못한다고 말한다.

생후 첫 3년 동안 우리 뇌가 환경과의 관계 속에서 어떻게 발달하는가를 집중적으로 연구하는 뇌과학자 앨런 쇼어Allan Schore는 이렇게 말했다.

"인간의 뇌에는 타인만이 수리할 수 있는 약점이 있다."

프로이트가 '대화치료'라는 것을 시작한 이래, 정통 정신분석 외에도 다양한 치료 학파들이 설립되었고 때로는 어떤 학파가 더 좋은 치료 방법인가를 놓고 논쟁이 벌어졌다. 그렇지만 진짜 변화를 일으키는 요인이 무엇인가에 대한 분석들이 일관되게 보여주는 것은 결국 어떤 학파인가가 아니라, 치료자와 내담자가 어떤 관계를 맺느냐가 더 중요하다는 것이다. 변화를 일으키는 가장 핵심 요소는 타자와의 관계의 질이다.

*

큰아들이 처음 '사랑해'라고 말했던 순간을 기억한다.

'아빠도 사랑해' 하고 뽀뽀를 쪽 해주고 나서, 문득 아이에게(그리고 나에게) '사랑'이라는 단어의 의미는 무엇일까 궁금했다.

'사랑합니다, 고객님'이라는 인사가 발명되기 이전의 일이다.

아이는 무엇을 알기에 무슨 뜻으로 내게 사랑한다고 말했던 걸까. 그냥 엄마아빠를 따라 했던 것일 테지만, 그보다 더 깊은 아이 마음속이 궁금했다. 세상에 태어나 이 년 남짓 산 저 아이의 마음에 '사랑'이라는 단어는 어떤 감정의 빛깔과 기억의 이미지를 담고 있을까?

빰에 닿는 입술의 감촉, 포근하게 감싸이는 묵직한 느낌, 반짝이는 눈빛, 혹은 목구멍을 따듯하게 넘어가는 달콤하고 고소한 젖의 맛과 환한 웃음의 느낌일까. 마음이 아늑해지고 뭔가 물이 흐르는 것 같고 가슴이 약간 울렁이는 것 같은 감각(요새 아침에 둘째를 데리고 유치원 차를 태우러 가서 잠깐 함께 놀고 있으면 그렇다)일까. 아이에게 사랑이란 뭔지, 사랑이란 단어를 발음하며 아이가 몸과 마음으로 무엇을 경험하는지 궁금했다.

사랑이라는 단어 자체의 묘한 느낌에 대해서도 말해야 한다. 'ㅅ'에 이어서 'ㄹ'이 나오는 단어들은 이상하게 마음을 흔든다. 'ㅅㄹ' 소리는 그러니 내게 하나의 사물이자 대상인 듯도 싶다. 'ㅅ'에서 혀가 살짝 치아 끝을 스치고 난 뒤 'ㄹ'에서 울림이 가슴으로 내려간다.

설레다. 소름. 서럽다. 사르륵. 시리다. 수렁. 그리고 사랑.

이 단어들 속에서, 그것이 감정이든 물질이든 모든 것은 흔들리고 움직이고 변해간다. 과격하지 않게, 천천히 조심스럽게, 그러나 결정적으로.

또한, '살'을 입고, '살'을 먹고, 우리는 '살'고 있다. 그렇다면 혹시 사랑은 '살이랑'의 줄임말일까(이건 근거 없는 상상이다).

나를 만져줘요, 엄마. 그래야 내가 여기 있잖아요

　유사 이래 수많은 종교와 거대담론은 항상 사랑을 가장 높은 자리에 두고 말해왔다. 그리고 유사 이래 한 명 한 명의 삶 속, 한 사람 한 사람과의 관계 속에서 사랑은 되풀이되어 왔다.

　인류 역사에서 이보다 중요한 감정이 있을까? 이만큼 정의하기 어렵고 이해하기 어려운 감정이 있을까?

　여전히 인류는 사랑 속에서 번성하지만, 사랑을 말하며 서로를 미워하고 죽이고 있다.

　사랑의 시작을 생각해보기 위해서는 우리가 세상에 막 태어난 시기로 거슬러 올라가야 한다. 위니코트는 삶이 시작되는 이때 사랑은 당연해야 한다고 했다. 그래서 사랑받는지도 몰라야 한다고 했다. 엄마는 헌신적으로 아이를 보살피는데, 이는 거의 자동으로 이루어진다. 엄마는 아이의 기분과 상태를 살피고, 그에 민감하게 반응하여 행동한다. 그래서 이상적인 경우, 아이는 자신이 마음먹은 대로 세상이 움직인다고 느낀다. 엄마 덕분에 내가 젖을 먹고 따듯하게 몸을 덥히고 잠드는 것이 아니라, 자기가 원하는 대로 세상이 다 움직인다고 믿는 것이다(이를 유아적 전능성이라고 부른다). 그리고 이를 가능케 하는 것이 바로 엄마의 사랑이다.

엄마는 보답받을 생각 없이, 인정받을 생각 없이, 희생한다는 생각 없이 사랑을 베푼다. 배경에서 아이의 삶을 지탱하지만, 아이는 이를 꿈에도 모른다. 정확히 말해서 알아서는 안 된다. 엄마의 존재를 아는 순간, 아이는 자신의 무력함을 너무 이르게 의식할 수밖에 없기 때문이다.

큰아들은 지금도 그렇지만 어릴 적에도 제법 예민한 축이었다. 신발에 모래 몇 알만 들어가도 주저앉아서 빼 달라고 하면서 안절부절못했다. 그런데, 엄마아빠가 가끔 자길 빤히 쳐다보고 뺨에 마구 뽀뽀를 할 때는 신경도 안 썼다. 얼굴에서 한 뼘 앞에 얼굴 들이밀고 뽀뽀를 자꾸 하는데도, 마치 아무 일 없는 양, 숨 쉬는 거 신경 안 쓰고 침 흐르는 거 신경 안 쓰듯 상관도 안 했다. 당연한 거다, 사랑이.

이 시기의 사랑이 결핍되는 경우 여러 가지 문제가 생긴다. 아이는 깊은 파국적 불안을 느낀다. 그리고 너무 이르게 자신의 무기력함과 의존성을 인식하게 된다. 세상을 너무 빨리 의식하게 되면서, 세상에 자신을 맞춰 살아남는 요령을 찾기 시작한다. 이렇게 되면 내면에서 우러나는 고유한 자아를 성장시킬 여유가 없이 세상이 원하는 나를 만들어가게 되는데 이 책의 '우울' 장에서 말했던 것처럼 이때 위니코트의 거짓자기가 생긴다.

218

시인 코울리지Samuel Taylor Coleridge는 세 살 아들이 밤에 잠에서 깨어 엄마를 소리쳐 부르는 모습에 대해 쓴 적이 있다.

"만져줘요, 엄마. 손가락으로 그냥 나를 슬쩍 건드리기만 하면 돼요." 아이는 애원했고 엄마는 깜짝 놀랐다.

"왜 그러니?" 그러자 아기가 울면서 말했다.

"내가 여기 없어요. 나를 만져줘요, 엄마. 그래야 내가 여기 있잖아요."[3]

여기서 위니코트 특유의 재미있는 (그리고 심오한) 역설이 생겨난다. 진짜 내가 되기 위해서는 타인이 반드시 필요하다. 혼자 있기 위해서는 누군가에게 절대적으로 의존하는 시기가 필요하다.

"온전한 정신만 제외하면 사람은 모든 것을 혼자 습득할 수 있다." 철학자 니체의 말이다.

성욕과 섹스

우리가 자라 성인이 되면, 누군가를 만나 사랑에 빠진다. 뇌과학적 측면에서 보면 우리 뇌의 세 가지 시스템이 모여서 사랑이라는 현상이 일어난다.

세 가지는 바로 성욕, 낭만적 끌림, 애착이다.

성욕은 남녀 모두 주로 테스토스테론 호르몬과 연관되어 있고, 낭만적 사랑은 도파민, 노르에피네프린, 세로토닌과 연결되어 있다. 남자와 여자가 서로에게 느끼는 애착의 느낌은 주로 옥시토신과 바소프레신에 의해 생겨난다.

포유류의 삶에서 각기 다른 역할을 담당하는 이 세 시스템이 상호작용하면서 우리는 소위 사랑이라는 것을 한다. 그리고 이 세 시스템 각각의 역할과 반응을 찬찬히 들여다보면 우리가 사랑 속에서 경험하는 복잡미묘한 감정의 흐름을 비교적 잘 이해할 수 있다.

만지고 싶고, 뽀뽀하고 싶고, 키스하고 싶고, 몸을 섞고 싶은 욕망. 그 강렬한 성적 욕망을 프로이트는 리비도라고 불렀다. 이 리비도는 프로이트에게 인간 욕망의 중핵이었다.

이 때문에 사람들은 프로이트를 19세기 말의 퇴폐적인 유럽 부르주아 문화의 대표자(좋게 보면) 혹은 변태로 보았으나, 사실 프로이트가 리비도를 가장 중요하게 생각했던 이유는 그가 엄격한 다윈주의자였기 때문이었다. 다윈(그리고 프로이트)의 관점에서는 생존과 번식이라는 도도한 다윈주의적 압력 아래 성욕은 다른 여러 욕망을 뛰어넘는, 아니 아예 질적으로 다른 수준의 핵심 욕망일 수밖에 없었다.

재미있는 것은 그렇다면 가장 사적이고 내밀한 욕망이 사실은 가장 이타적이고 초개인적인 욕망이 된다는 것이다. 프로이트의 매력 뒤에는 이 심오한 역설이 있다.

마흔 넘어서까지 신경학자로 일하던 프로이트는 당시에 특히 부르주아 여성들에게 흔했던 히스테리 증상(신경학적 문제가 없음에도 불구하고 갑자기 말을 하지 못한다든가, 손이 움직이지 않는다든가 하는 모호한 신체 증상들을 일컫는다. 현대에는 발병 빈도가 상당히 줄었다)에 대해서 연구하다가 성적 억압이 원인이라는 결론에 도달했다. 그는 거의 20년에 걸쳐 이 이론을 가다듬어 정신분석 이론을 구축했고, 1939년 구강암('대화치료'를 발명한 사람에게 구강암이라니! 프로이트의 입에서는 오랫동안 악취가 났다고 한다)으로 세상을 떠날 때까지 40년 넘는 세월 동안 이 이론을 부수고 다시 세우기를 반복했다.

성욕과 그 억압에 따른 불안은 프로이트 이론의 핵심이었다. 하지만 많은 사람들이 오해했던 것과 달리 프로이트는 성 해방을 주장하는 것이 아니었다. 프로이트는 인간됨의 기본 조건으로서 억압은 필연적이라고 보았다. 실제로 1960년대 서구 사회의 히피 운동은 극단적 해방과 자유를 모토로 했지만, 사람들은 그 자유 속에서 혼란과 불안을 느꼈다. 철학자이자 정치가인 지젝의 말처럼 즐겨야 한다는 강박이 또 다른 억압이 되었다.

✳

깊이 들여다보면 섹스는 그리 간단한 일이 아니다.

자유롭게 욕망을 따라가고 쾌락을 추구해서 그만큼 만족하고 행복해지면 좋겠지만, 이는 그렇게 쉬운 일이 아니다. 섹스를 하기 위해서 우리는 타인 앞에서 아기처럼 옷을 다 벗어야 하고, 침과 체액으로 더럽혀져야 한다. 이성적 판단을 멈추는 것을 허락해야 하고, 내 안에서 올라오는 충동과 욕망의 급류를 받아들이면서도 거기 압도당해서는 안 된다. 타인에 대한 깊은 신뢰와 타인을 날카롭게 침범하는 공격성과 타인이 나를 마음대로 하도록 허락하는 수동성의 균형을 갖추는 과업은 사실 누구에게도 쉽지 않다.

내 몸속에 내가 나로서 편안하게 존재하지 않으면, 섹스는 생각보다 시큰둥하거나 어렵고, 불안하고, 두렵고, 불쾌한 일이 된다. 혹은 어떤 사람에게 섹스는 필사적인 일이 된다. 이들에게는 섹스가 사랑하는 사람과 자연스럽게 나누는 따뜻하고 짜릿한 순간이 되기엔 불안이 너무 깊다. 섹스는 이때 상대가 나를 여전히 사랑한다는 일시적 확신과 위안을 얻는 수단이 되고, 내가 사랑받을 만한 사람이 되지 못한다는 깊은 불안을 지우는 연막이 된다. 쾌락을 통해 고통을 잠시 지우고, 상대의 만족을 통해 나의 가치를 겨우겨우 확인하는 전략이 된다.

마릴린 먼로는 깊은 심리적 혼란을 지니고 있었다(요즘이었다면 경계선 인격 장애 진단이 내려졌을 것이다). 정신분석가 랠프 그린슨Ralph Greenson은 먼로와의 분석을 시작하면서, 스스로의 삶에도 깊은 변화를 겪었다(소설『마릴린, 그녀의 마지막 정신상담』이 이를 흥미롭게 다룬다). 할리우드 스타들을 분석하면서 유명세를 탔던 그린슨은 먼로의 죽음 이후 칩거하면서 정신분석의 고전『정통 정신분석의 기법과 실제』를 썼고, 죽을 때까지 먼로에 대해서 단 한마디도 하지 않았다.

마릴린 먼로는 이렇게 말했다.

"섹스는 사랑받을 때 필요한 거예요. 섹스를 하면 잠시나마 사랑받고 있다는 생각이 들거든요. 섹스를 하면 빨려 들어가긴 하지만 완전히 속해 있다는 느낌은 들지 않죠. 그리고 죽을 것 같지만 살해당하는 건 아니란 느낌이 들죠."

마릴린 먼로는 자신의 사진을 찍은 거의 모든 사진가와 섹스를 했다고 한다. 누군가가 자신을 바라본다는 사실에 성적 흥분을 느꼈던 것일까, 아니면 섹스를 하지 않고서는 누가 가까이서 자신을 바라보는 것을 허락하지 못할 만큼 두려움이 깊었던 것일까.

친밀함과 성적 흥분과 미묘한 공격성이 뒤섞인

현대 정신분석가들은 프로이트가 생각했듯 모든 증상이 성적 억압의 결과라고 여기지는 않는다. 오히려 이를 뒤집어 생각할 때가 많다. 즉, 성적 문제는 조금 더 깊은 심리적 혼란의 결과이거나, 이 혼란을 가리는 덮개라고 여기는 것이다.

프로이트는 증상은 억압된 쾌락 때문이라고 했다. 그러나 현대적 관점에서 말하자면 쾌락은 억압된 증상 때문이다.

"사실 애초에 성이 사랑의 목표는 아니었다. 성은 욕망에서처럼 최우선이 아니다. … 사랑에 빠진 사람들은 엉겁결에 육체관계를 맺는다."[4]

흥미롭게도 현대 뇌과학 연구에 따르면 성욕을 관장하는 테스토스테론은 분노와 연관되어 있다. 현재 세계적으로 각광받는 부부치료사인 에스더 페럴은 이렇게 쓴다.

"분노와 흥분은 복잡한 관계를 맺고 있어요. 생리적으로도 공통점이 많아요. 심리적인 측면에서도 마찬가지고요. 분노는 분리 의식을 부각시켜주고 의존과 대조적이죠.

그렇기 때문에 강렬한 욕망을 일으킬 수 있는 거예요. 필요한 공간을 확보해주기 때문이죠."[5]

프로이트가 인간 본성의 가장 근본적인 충동으로 리비도를 내세우다가, 이후에 이를 리비도와 타나토스thanatos의 쌍으로 수정했던 것은 이러한 관점에서는 '과학적'으로 정확한 판단이었다고 말할 수 있겠다(그래서 사랑의 반대말은 미움이 아니라 무관심이라고 말하는 것일 터이다).

우리가 진정으로 무서워하는 것은 그냥 죽는 것이 아니라 잡아먹히는 것이다. 모든 신화와 동화 속에서 마녀와 용과 구미호와 온갖 괴물들은 사람들을 먹어치운다. 그리고 그 구강적 공포를 이겨내는 자가 주인공이 된다.

공포의 가장 밑바닥에는 이렇게 구강적 환상이 있으며, 이는 사랑에서도 마찬가지이다. 모든 사랑은 근본적으로 구강적이라고 단언했던 클라인을 인용하지 않더라도, 사랑의 가장 원형적 형태인 뽀뽀 속에서 구강적 리비도와 구강적 타나토스는 도저히 분리할 수 없게 뒤섞여 있다.

당신에게 닿고 싶고 만지고 싶은 마음과 빨아먹고 물어뜯어버리고 싶은 마음을 누가 구분할 수 있을 것인가.

앙리 카르티에 브레송Henri Cartier Bresson의 그리 알려지지 않은 사진 중 〈기차에서, 루마니아〉가 있다. 사진에서 연인은 몸을 맞대고 잠들어 있다. 우리는 낯선 사람들 앞에

앙리 카르티에 브레송, 〈기차에서, 루마니아〉(1975)

서 눈을 쉴 수 없고 의식을 내려놓을 수 없다. 거꾸로 말하면 몸 맞대고 잠잘 수 있는 사이는 서로에게 안전감을 느끼고 몸을 내맡길 수 있을 만큼의 깊은 친밀감에 도달했다는 뜻일 터이다.

이 나른하고 따뜻한 느낌을 위협하는 것은 두 가지이다. 남자의 벌린 다리와 튀어나온 의자는 강렬한 성적 충동을 전달한다. 반면 여자의 목을 두르고 (혹은 조르고) 있는 남자의 팔은 미묘하게 위협적이며 어두운 불안을 일으킨다. 내게 이 사진은 친밀함과 성적 흥분과 미묘한 공격성이 뒤섞인, 사랑을 묘사하는 가장 완벽한 이미지 중 하나이다.

여기서 한 걸음 더 나아가면, 리비도와 타나토스 개념은 성욕뿐 아니라 삶의 더 근원적인 창조와 파괴의 리듬에 대해서 생각할 수 있게 해준다.

작은아들은 블록 쌓기를 좋아했다. 세 살 즈음에는 바닥에 앉아 한껏 집중한 채 입술을 뾰족하게 내밀고 정사각형이랑 길쭉한 직사각형을 붙여 트럭을 만들고, 이것저것 높이높이 쌓아 탑을 만들고, 하나하나 길게 이어 붙여 기찻길을 만들고 여러 가지를 얼기설기 모아 소방서나 놀이터를 만들었다. 그러고 나서는 '우왁' 하고 손으로 저것들을 다 무너뜨려버린다. 아빠가 쌓은 것을 발로 확 차고, 자기가 쌓은 것들을 손으로 뭉그러뜨리며 크크크 기쁘게 웃는

사랑

다. 조심스레 붙이고 모으고 쌓아서 무언가를 만들어내는 즐거움만큼, 깨고 허물고 부수고 없애는 기쁨을 즐긴다.

이것이 리비도와 타나토스의 더 깊은 측면은 아닐까.

유를 무로 되돌리고, 조심스럽고 위태로운 정돈 상태를 거침없고 자유로운 카오스로 변화시키는 일은 그것만으로 순수한 기쁨이고 창조일 터. 그리고 삶의 고유한 리듬일 터.

깨어있다 잠들 듯. 단정한 양복을 입고 일하다 술 마시고 노래방에서 땀을 줄줄 흘리듯. 우아하게 커피를 마시다가 똥을 싸고 닦은 휴지를 들여다보듯. 책을 읽다가 코를 파듯. 사랑하는 사람을 조심스레 쓰다듬다가 문득 깨물고 벽으로 밀어붙이듯.

자존감의 근원

한편 관계에 있어 성욕만큼 중요한 것이 바로 앞에서 말한 애착 감정이다. 애착은 정신분석가였던 보울비가 동물행동학자였던 콘라트 로렌츠Konrad Lorenz를 만나면서 떠올린 개념이다(분석적 관점을 저버리고 생물학으로 넘어갔다고 정신분석가들은 보울비를 오래 비난했다. 무의식적 욕동 대신에 실제 엄마의 존재가 중심 개념이 되는 것을 정신분석가들은 견딜 수 없었다. 그러나 세월은 보울비를 선택했다).

보울비는 모든 포유류 새끼들은 출생 후 살아남기 위해 엄마(혹은 일차 양육자)를 바라보고 의지하고 좋아하는, 그리고 엄마가 사라질 때 불안하고 두려워 맹렬하게 엄마를 찾는 생물학적인 경향성을 선천적으로 가지고 있다고 했다. 이러한 욕구가 적절하게 채워지고 불안이 심하게 자극되지 않을 때 개체는 엄마 그리고 나중에는 세계와 안정적으로 관계를 맺는 능력을 획득한다. 이런 과정에서 자신이 괜찮은 사람이라는 느낌, 사랑받을 만한(아무런 이유가 없어도) 사람이라는 느낌을 마음에 지니게 된다.

이것이 바로 자존감의 근원이다.

그러나 어떤 이유 때문이건, 안정적인 관계가 불가능한 불안한 상황 속에서 자라난 아이들은 나름의 방식으로 불안을 처리하는 방법을 본능적으로 익히고 몸에 새긴다. 그리고 그러한 애착 패턴을 지니고 어른이 된다.

성인 애착에 대한 연구를 보면, 부모가 어떤 사람인지 말해 달라는 질문에 어떤 대답을 하는지에 따라 애착 유형을 구분할 수 있다고 한다. 연구에 따르면 어릴 때 엄마와 관계를 맺던 이 패턴은 80퍼센트 정도가 변화 없이 성인까지 이어진다. 그렇지만 메리 메인Mary Main은 유명한 연구에서 불안정 애착을 보이는 사람도 5년 동안 안정애착인 사람과 연애를 하게 되면 애착 패턴이 안정적인 쪽으로 바뀔 수 있다는 것을 증명했다. 꾸준한 사랑이 깊은 애착 패턴을 변화시킬 수 있는 것이다.

믿고 의지하면서 나의 가장 어둡고 여린 부분을 나눌 수 있는 존재에 대한 깊은 신뢰와 그만큼의 불안. 특히 이 깊은(그만큼 원시적인) 영역의 감정은 우리가 친구에서 연인이 될 때, 연인에서 부부가 될 때, 그리고 부모가 될 때 점점 더 강렬하게 우리 내면에서 솟아오른다.

그래서 많은 부부들이 몇 년을 연애했어도 전혀 몰랐던 모습들(대개 어둡고 집요하고 불쾌하고 불안한 모습들이다. 그런 감정들이 주로 억압되어 있기 때문이다)을 신혼여행에서 돌아온 바로 그 날(혹은 신혼여행 간 그 날) 발견하고 놀라움을 금치 못한다.

또 많은 부부들이 양육관의 차이 때문에 싸우는데, 이 거리는 좀처럼 좁혀지지 않는다. 아이에 대한 감정은 내가 내 부모와 경험했던 감정과 깊이 결부되어 있기에, 생각으로 조절하거나 납득하기가 좀처럼 쉽지 않은 것이다.

낭만적 사랑

마지막으로 성욕과 애착에 더해 낭만적 사랑이 있다.

닿을 수 없는 당신에게 닿고 싶다는 갈망. 아직 내 것이 아니기에 더 아름답고 사랑스럽고 세상 누구와도 비교할 수 없을 만큼 소중하고 그래서 정말 간절하게 그리운, 그만큼 강렬한 욕망.

이러한 깊고 지독한 갈망은 목표 추구와 연관된 도파민 시스템이 담당한다. 시스템이 도달하기 어려운 목표를 지향하기 시작하면 지독한 갈망은 다른 욕구들을 집어삼킨다. 마치 중독자가 하루 종일 도박만을 생각하듯, 알코올만을 상상하듯 집요한 욕구가 일상을 (그리고 도덕과 규범을) 지워버린다.

"사랑은 너무 어려 양심이 무엇인지 모른다네."[6]

평생 아름다운 사랑 시를 여러 편 남긴 파블로 네루다Pablo Neruda는 세 번 이혼했다. 그리고 결혼생활 중에 외도하는 여성에게 수많은 사랑 시를 써서 바쳤다. 참으로 열정적이고 아름답고 숭고하기까지 한 사랑 노래들.

이 노래를 우리가 비도덕적이라는 이유로 폐기할 수 있을까. 굳이 에로티즘을 위반적인 폭력으로 규정했던 조르주 바타이유Georges Bataille를 인용하지 않더라도, 불안과 절망이 뒤섞인 쓰라린 감정을 제거한다면 사랑은 불붙지 않을 것이다.

중세 유럽의 기사들은 낭만적 사랑을 예술적 (혹은 종

교적) 수준으로 승화시키면서 특유의 존재 방식을 창조했다. 닿을 수 없는 귀부인을 지독하게 갈망하며 그 갈망 자체를 삶의 양식으로 삼았던 것이다.

가질 수 있을 때조차 가지지 않기. 그 깊은 갈망과 높은 동경 자체를 하나의 목표로 삼기. 존재하지도 않는 둘시네 공주를 흠모하면서 풍차를 향해 달려들었던 돈키호테처럼.

플로베르의 소설 『감정교육』의 끝에서 주인공 프레데릭 모로는 25년 동안 흠모해온 아르누 부인이 홀연히 거처에 나타나 그에게 안겨 "몸을 뒤로 젖히고 입을 반쯤 벌린 채 눈동자를 위로 향하고 그의 팔 안에서 꼼짝하지 않고 있는" 순간을 마주한다. 평생 동안 욕망해온 대상을 드디어 품에 안은 순간 모로에게는 "지금까지 경험한 일이 없을 정도로 격한 미친 듯한 욕정이 엄습해" 오지만, "그러면서도 뭔가 표현할 수 없는 일종의 반발"을 느끼며 주저하고 마침내 물러선다.

욕망의 실현에 대한 이 공포, 대상을 얻음으로써 잃게 되는 더 깊은 무엇에 대한 지각.

✳

르네 지라르Rene Girard는 우리가 누군가를 원하는 이유는 사실 타인이 그 사람을 원하기 때문이라고 주장했다. 수많은 드라마와 소설 속에서 사랑이 삼각관계를 통해서 이루어지는 이유는 타인이 그 사람을 사랑할 때라야 내가 사랑할 수 있기 때문이다.

결국 질투는 사랑의 부산물이 아니라, 사랑의 원인일지도 모른다.

마르셀 프루스트 Marcel Proust는 소설 『잃어버린 시간을 찾아서』의 5부 '사라진 알베르틴'에서 동거하던 알베르틴이 갑자기 집을 떠난 후 그녀와의 관계를 집요하게 더듬는다. 이미 알베르틴에 대한 환상과 설렘이 많이 사라지고 권태와 의무감에 지쳐있던 프루스트는, 그러나 "단지 그녀가 남들의 정욕을 자극한 것을 알자 다시 괴로워하기 시작하여, 그녀를 두고 남들과 다투고 싶어지고, 그때만 그녀가 내 눈에 깃발이 펄럭거리듯 돋보인다"라며, 타인의 존재 덕에 갑자기 되살아난 욕망에 휘둘리며 괴로워한다.

아무 쓸모 없는 물건들이 '레어템'이라는 이유로 너무도 소중한 물건으로 돌변하듯이 말이다. 우리는 뒤지고 뒤진 끝에 겨우 그것을 구해서는 뿌듯하게 박스를 열고 사진을 찍어 SNS에 올리고 '좋아요'가 하나씩 늘어나는 것을 즐기지만, 정작 그 물건은 구석에 처박아 놓는다. 레어템의 가치는 사람들이 그것을 원한다는 데에 있기 때문이다.

라캉이 묘사하는 욕망의 근본 구조도 이와 다르지 않다. 라캉은 우리가 '타인의 욕망을 욕망한다'고 말한다.

아이가 딸기케이크를 좋아하는 이유는 딸기케이크를 맛있게 먹는 모습을 엄마가 좋아하기 때문이다.

김연아가 올림픽 금메달을 따면서 한창 피겨스케이팅 열풍이 불었던 적이 있다. 네다섯 살 된 아이가 고되게 스케이트를 타고 있는데, 엄마가 그 앞에서 인터뷰를 한다. 엄마는 말한다.

"저도 아이가 꼭 피겨를 해야 한다고 생각하는 건 아니에요. 그런데 아이가 좋아하니 어쩔 수가 없어요."

그리고 흐뭇한 표정으로 아이를 바라보고 그 표정을 아이가 힐끗 확인한다.

사랑의 여러 얼굴

재미있게도 이 세 가지 뇌 회로, 그러니까 성욕과 낭만적 끌림과 애착은 모두 다목적용 시스템이다.

성욕과 관련한 시스템은 공격성과 연관되어 있고, 낭만 시스템은 중독 및 우울과 연관되어 있으며, 애착 시스템은 불안 혹은 공황과 연관되어 있다.

사랑에 빠졌을 때 우리가 자연스레 느끼는 끌림은 중

독자가 느끼는 강박적 허기와 구분할 수 없고, 사랑하는 사람이 떠났을 때 느끼는 상실의 고통을 우울과 구분하는 것도 불가능하다.

"우울은 사랑이 지닌 결함이다. 사랑하기 위해서는 자신이 잃은 것에 대해 절망할 줄 아는 존재가 되어야 한다. 우울은 그 절망의 심리기제이다."[7]

현대 정신분석가 오토 컨버그는 '사랑할 수 있는 능력의 발달'은 '우울할 수 있는 능력'과 연관이 있다고 말한다. 또한 드물지 않게, 우울 때문에 항우울제를 복용하는 사람 중에서 미묘한 불편감을 호소하는 사람들이 있다.

"약을 먹고 우울한 건 좀 사라졌는데요, 이상하게 세상과 나 사이에 투명한 유리가 끼어들어 있는 것 같은 기분이 들어요. 괴로운 게 적어진 대신 좋은 느낌도 적고, 뭔가 무심한 듯 감정을 잘 느끼지 못하겠어요."

세로토닌 농도를 조절하는 항우울제는 감정적 괴로움을 줄여주는 대신 감정적 무감각을 유발할 수 있다. 그래서 열렬한 낭만적 사랑의 감정을 위태롭게 할 수 있고, 또한 낭만적 사랑의 핵심 특성인 강박적 사고를 억제하게 된다.

자꾸만 당신이 보고 싶고 생각나고 하루에도 수백 번 마음속으로 당신의 이름을 부르는 자연스러운 사랑의 감정이 희미해져버릴 수 있는 것이다.

사랑

실제로 요즘에는 생각보다 많은 젊은이들이 이별의 아픔 때문에 진료실을 찾는다. 만나서 이야기를 들어보면 연애를 하기 전만 해도 큰 심리적 괴로움 없이 잘 살아왔는데, 사랑하는 사람과 헤어진 후 스스로 납득하기 힘들 정도로 혼란스럽다고 호소한다. 너무 고통스러워 이게 병이 아닌가 싶다고, 나아질 수 있다면 약이라도 먹고 싶다고 말한다.

그러면 나는 세로토닌의 역할에 대해 설명하면서 이 고통은 어떤 병리가 아니라, 상실에 대한 정상적인 반응이라고 이야기한다. 덧붙여 약이 고통을 줄여줄 수는 있을 테고, 원하면 처방해주겠다고 말한다. 하지만, 사랑에서 기쁨만 즐기고 고통을 삭제하는 것이, 과연 온전한 사랑일 수 있느냐고 조심스레 묻는다.

이렇게 우리가 분노할 수 없고, 중독될 수 없고, 우울할 수 없고, 불안할 수 없다면, 우리는 사랑도 할 수 없다. 아니 정확하게 말하자면, 우리가 스스로에게 분노와 우울과 불안을 허락할 수 있어야만 사랑을 하는 힘이 생긴다.

한편으로 사랑은 생물학적으로 타고난 보편적 감정이지만, 다른 한편으로는 지극히 이루기 어려운 심리적 능력에 속한다. 극도로 어려운 균형감각이 필요하기 때문이다. 쉽게 말해 고통받을 각오 없이 사랑은 불가능하다. 프로이트도 이에 대해서 아주 명쾌하게 서술했다. "사랑하고 있는 우리는 그만큼 고통에 노출되어 있다. 사랑하는 사람과 그의 사랑을 잃는 것보다 더 회복하기 어려운 불행도 없다."

페미니스트 지리학자 질리언 로즈도 같은 맥락에서 이렇게 썼다. "사랑하는 능력을 키운다는 것은 자신의 경계와 다른 사람들의 경계를 받아들이면서도, 그 경계선 주변에서 깨지기 쉽고 상처받기 쉬운 채로 남아 있는 것이다."[8]

사랑을 하기 위해서는 상처받을 준비가 되어 있어야 하고, 버림받을 준비가 되어 있어야 한다. 상대의 처분에 내 존재의 의미가 결정될 수 있는 극도로 수동적이고 그만큼 위험한 자리에 머물 수 있어야 하는 것이다. 그러니까 다시 말해, 강해야 한다.

정신과 전문의 수련과정을 막 시작했을 때 한 교수님은 환자에 대해서 사례를 보고할 때면 항상 연애를 한 적이 있는지 연애를 얼마나 했는지 묻곤 하셨다. 교수님은 평범한 연애를 몇 년 이상 한 적이 있는 사람이라면, 심리적으로 큰 문제는 없다고 생각해도 된다고 농담을 섞어 이야기한 적이 있다. 지금 생각해보면 참 설득력 있는 이야기다.

"사랑을 놓지 않을 힘을 가진 사람만이 사랑을 한다."[9]

마지막으로 광기에 대해서도 말해야 한다. 사랑 속에서 우리는 광기의 두 가지 측면을 만난다. 수많은 문학과 영화들이 묘사하듯, 사랑에 빠지면 한편으로 우리는 미친

사랑

것처럼 현실감각을 잃는다. 셰익스피어는 이렇게 썼다.

"사랑으로부터 조언을 구하되, 나의 이성이 사랑에 복종하겠다고 한다면 이성을 따르겠지만, 복종하지 못하겠다면 나는 감정을 따라 차라리 광기를 택하고, 그 광기를 기꺼이 맞아들이겠소."[10]

사랑에 빠지고 나서 내가 미친 것 같다고 한 번도 생각해보지 않은 연인이 있을까.

다른 한편으로, 진짜 광기 속에 빠져든 사람은 사랑하는 능력을 잃어버린다. 롤랑 바르트는 "사랑에 빠진 광인을 상상할 수 있을까? 그것은 불가능한 일이다"라고 말했다.[11] 현실감각과 세속적 판단력을 잃는다는 면에서 사랑은 광기이지만, 폭넓은 감정의 변화와 수동과 능동의 미묘한 길항을 허락하지 못한다는 면에서 광기는 사랑을 담지 못한다.

이처럼 참으로 복잡한 혼란 속에서 사랑이 태어나고, 열매를 맺거나, 시들어간다.

✤

몇 년 전 거의 이십 년 동안의 서울 생활을 정리하고 낙향하면서 뉴질랜드로 가족여행을 갔다. 직장에 사표를 내고, 전셋집을 빼고, 고향 도시의 바다가 보이는 언덕에 새 전셋집을 구해 이사했지만, 새로이 일할 곳은 찾지 못한 상태였다. 자주 가슴이 두근거렸는데 불안 때문인지 설렘 때문인지 구분하기 어려웠다.

뉴질랜드 북섬에서 가장 오래된 나무인 모든 숲의 어머니, '타네 마후타Tane Mahuta'를 본 날 밤에 꿈을 꾸었다.

아들과 아내와 함께 바다가 내려다보이는 옛 고향 동네를 헤맨다. 꿈속에서 나는 '고향의 고향'이라는 구절을 떠올린다. 고향 집을 찾지만 그사이 집들이 바뀌고 거리가 바뀌어 찾을 수 없다(실제로 고향 집은 이십 년 전 도시개발로 사라졌다).

장면이 바뀌고 수많은 친구들, 사람들과 함께 걷는다. 내 졸업식 혹은 환송식에 가는 먼 길이다. 아는 사람들, 잊었던 사람들이 잔뜩 등장한다. 내가 기억하고 있었는지도 몰랐던 사람들을 꿈에서 만나, 꿈속에서도 '아, 내가 이 사람을 잊지 않고 있었구나' 하며 놀란다. 모르는 사람들도 있는데 알고 보니 고향 사람들이다. 왁자지껄하게 한 고등학교에 들어가는데 학교 이름이 '러브 고등학교'다. 꿈속에서 학교 이름을 보고 웃었다. 그리고 잠에서 깨어 다시 한번 웃었다.

사랑

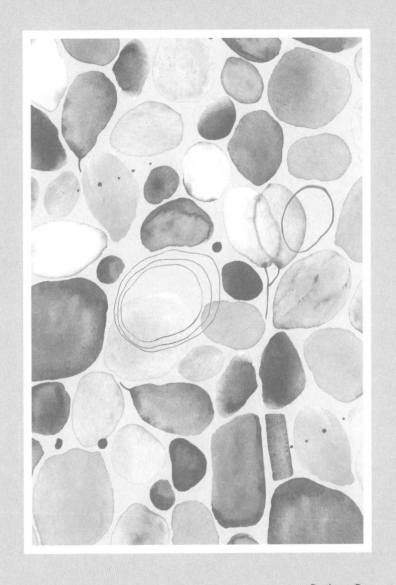

맺음말

"나는 나 자신과 모순되는가?
그렇다면 아주 잘되었다. … 나는 나 자신과 모순이다,
나는 크다. … 나는 다량의 것을 품고 있다."
—월트 휘트먼, 〈풀잎〉

＊

건강한 마음이란 어떤 상태일까?

이제 분명한 건, 우울하고 불안하고 화가 나는 게 반기거나 즐길 만한 일은 아니지만, 거꾸로 우울하지 않고 불안하지 않고 화내지 않고 중독되지 않고 미치지 않은 게 건강은 아니라는 것이다.

위니코트는 이를 참으로 멋지게 표현한 적이 있다.

"질병이 없는 상태가 건강일지는 몰라도 그것이 삶은 아니다."

우리 입안에는 열 종이 넘는 박테리아가 있다. 이를 상재균이라고 한다. 더럽게 느껴질지 모르지만 사실 이 균들은 더 강한 병균들이 침입하는 것을 억제하는 역할을 한다. 우리 몸을 깨끗이 한답시고 이 상재균을 없애버리면, 얼마가지 않아 우리는 치명적 감염 때문에 죽을 것이다.

"우리의 존재에는 갖가지 역겨운 특성이 단단히 들러붙어 있다. … 그러나 누군가 이런 특성의 씨앗을 인간으로부터 제거한다면 우리 삶의 근본적인 여건이 파괴될 것이다."[1]

*

독일 화가 한스 홀바인Hans Holbein은 이미 500여 년 전에 삶의 이 미묘함을 대담하게 통찰한 그림을 그렸다. 그는 1533년 작 〈대사들〉에서 프랑스 대사의 위풍당당한 모습 사이에 비틀린 해골을 아무렇지도 않은 듯 시커멓고 커다랗게 그려놓았다. 속세의 반짝임 속에서 죽음을 기억하라고 우리에게 요구하고 있는 것이다.

우리 발밑에는 항상 서늘한 죽음이 놓여 있다. 그것을 하루 종일 의식하고 있으면 살 수 없는데, 잊으면 삶이 희미해진다. 죽음 덕에 삶이 생생해지는데, 또 너무 죽음 생각만 하다 보면 거기에 취해 일상이 흐트러져버린다. 그래서 홀바인도 해골을 삐딱하게 그려놓았을 터이다. 정면으로 바라보기엔 너무 깊은 나락이기에, 얼룩처럼 무늬처럼 지나치다가 한 번씩만 고개를 삐딱하게 기울여 죽음의 얼굴을 정면으로 응시하도록 말이다.

한스 홀바인, 〈대사들〉(1533)

화가 파울 클레Paul Klee 역시 홀바인의 이 깊은 지혜를 잘 알고 있었다. 그는 이렇게 말했다. "삶에 쉽게 이해가 가지 않는 요소들이 섞였다고 해서 낙담할 필요는 없다. 우리는 그저 이해하기 쉽지 않은 그 요소들로 인해 균형이 깨지지 않기를 희망할 수 있을 뿐이다."[2]

클레는 1922년에 〈세네치오Senecio〉라는 제목의 그림을 그렸다. 그림에서는 여러 조각의 평면들이 모여서 한 사람의 얼굴을 이룬다. 주황색, 빨간색, 옅은 분홍색, 노란색, 파란색, 어두운 남색, 흰색의 평면이 옷감을 기운 듯 뒤섞여 있지만, 그 색들은 동그란 얼굴 안에 모여 이상하게 조화롭고 평화롭기까지 하다. 불연속적인 파편들이지만, 그것 자체가 얼굴의 바탕이 되고, 깊이 탐구하는 듯 새빨간 눈빛 속에서 한 사람의 자아의 일부가 되어 있다. 유년기 행복하던 시절의 자화상이라고 알려진 이 그림 속에서 클레는 불균형의 균형에 도달한다.

그러고 보면 우리는 이 미묘한 역설들을 이미 오래전부터 알고 있었던 것 같다. 세상에 태어나자마자 목숨을 걸고 탐하는 엄마 젖꼭지를 '찌찌'라고 부른다. 그렇지만 더러워서 먹으면 안 되는 것도 '찌찌'다. 세상에서 가장 든든한 아빠가 '애비'인데, 나를 잡으러 오는 괴물도 '애비'다. 죽는 건 제일 싫은데, 가끔은 좋아 죽을 것 같다.

파울 클레, 〈세네치오〉(1922)

언어뿐 아니라 일상의 작은 순간 속에서도 우리는 참으로 복잡하고 미묘한 순간들을 매일 마주친다.

✲

삼촌이 갑자기 내 위에 올라타서 두 무릎으로 내 팔을 제압한다. 꼼짝도 못 하게 짓누르고는 얼굴을 내 얼굴에 들이대고 침을 주욱 늘어뜨린다. 도와 달라고 소리치다가는 저 침이 내 입으로 떨어질 것 같고, 그렇다고 가만히 있자니 아무도 도와주지 않을 것 같다. 삼촌은 나랑 노는 것일까, 나를 괴롭히는 것일까? 큰 소리로 엄마에게 도와 달라고 소리쳐야 할까, 웃으면서 삼촌이 장난을 그만두기를 기다려야 할까? (어릴 때 셋째 삼촌이 명절 때마다 만나서 했던 장난이다.) 상황을 뒤집어 아들에게 간지럼 장난을 칠 때 난 어느 선에서 멈춰야 할까? 너무 살살하면 시시한데, 너무 세게 하면 아프거나 무서워져서 울음을 터뜨릴 터이다.

"아빠가 나를 집어삼킬 듯 입맞춤을 퍼붓는 것은 분명 기분 좋은 일이다. 하지만 그러다 아빠가 정말로 나를 집어삼킬 수도 있으니, 이는 무척 위험한 일이 아닌가? 내 몸 밖으로 배설물을 내보내면 한결 편안해지지만, 나의 일부를 잃어버릴 위험도 있지 않은가?"[3]

248

선물은 어떤가?

선물은 주고받는 이 모두에게 기쁨을 주지만, 어느 순간 주는 이는 우월감에 빠지고, 받는 이는 수치심과 시기심에 시달리게 된다. 그래서 적당한 선물을 고르는 일은 절대 쉽지 않다. 우리 모두는 선물을 받고 불쾌하거나, 선물을 주고 서운한 적이 있는 것이다.

별로 복잡할 것 같지 않아 보이는 따듯한 미소 역시 마찬가지이다. 우리가 미소를 지을 때 쓰는 근육과 육식동물들이 상대를 위협할 때 쓰는 안면 근육은 서로 겹친다. 우리의 미소 속에는 상대에 대한 호의가 있지만, 동시에 상대의 위협에도 굴복하지 않을 자신이 있다는 자기표현이 있고, 어쩌면 내가 너보다 더 세다는 미묘한 압박이 스며 있다. 그래서 독재자들은 부하들이 웃는 것을 용납하지 않았다(농담은 오로지 자신만 할 수 있었다).

✻

그러므로 정상적으로 산다는 건 말처럼 그리 쉬운 것이 아니다. 정신분석가 크리스토퍼 볼라스는 한 논문에서 '정상 증후군'에 대해서 말한 적이 있다. 병리적 증상들의 집합에 우리는 '증후군'이란 이름을 붙이지만, 어느 순간엔 정상조차 증후군이 되어버릴 수 있다.

볼라스에 따르면 정상 증후군 환자는 비정상적으로 정상적인 사람이다. 겉보기에 "그는 지나치게 건실하고 안정적이며, 편안하고, 사회적으로 외향적이다. … 숫자에 밝고 영리한 선택을 하면서 성공해가지만, 그늘이 없고 어둠이 없다. 그래서 삶이 없다."[4]

이들은 영리하고, 분위기 파악도 잘한다. 어두운 충동에 굴복하지 않고, 남이 무엇을 원하거나 싫어하는지 잘 안다. 자기가 자기에게 굴복하는 순간을 허락하지 않는다. 모든 충동과 욕망을 완벽하게 통제하고 컨트롤한다. 가치관과 행동과 욕구가 잘 통합되어 있(는 것처럼 보인)다. 멍때리고 앉아 있는 일도 별로 없고, 물어보면 꿈도 잘 꾸지 않는다. 하지만 깊게 출렁이며 삶을 채우는 내면이 부재하기에, 그 공허를 채우고자 더 큰 성공을 꿈꾼다. 그리고 누구를 진심으로 사랑해본 적도 없다.

지나친 정상이 비정상이 되는 순간.

삶에서 그늘이 사라지면서, 삶 자체의 질감과 두께가 사라지는 지경. 이 지경에 도달한 사람들을 우리는 멀리서 부러워한다. 그러나 가까운 가족들은 안다. 저 얄팍한 삶을 유지하기 위해 이들이 저도 모르게 주변 사람들에게 얼마나 많은 고통을 떠넘기는지. 그리고 그들도 깊은 공허에 부딪혀 몸서리치는 순간을 피할 수는 없을 것이다.

이렇게 삶이란 참 어렵다.

병리가 깊어지면 고통과 만나는데, 너무 정상적이어도 정상이 아니다.

그래서 삶이란 참 재밌다.

✻

머리말에서 글렌 굴드에 대해서 이야기했다. 사실 글렌 굴드의 연주가 매력적인 결정적인 이유는 그 완벽하게 통제된 음향 밖(혹은 안)에서 갑자기 굴드의 허밍 소리가 끼어들기 때문이다. 처음 이 음반이 발표되었을 때, 어떤 사람들은 음반회사에 전화해서 녹음이 잘못된 것 같다고 불만을 터트렸다.

그토록 철저하게 음악과 음향을 컨트롤하려고 했던 사람이 자신의 콧소리 하나 참을 수 없었다는 사실이 참으로 당황스럽기도 하고, 즐겁기도 하다. 또한, 그토록 구조를 중시하고 멜로디를 폄하하면서 바흐를 찬양하고 쇼팽을 무시하던 굴드가 결국 이 곡을 콧소리 흥얼거릴 수밖에 없는 하나의 멜로디로 느끼고 있다는 역설도 가만 생각해보면 웃음 나게 반갑다.

이 책에서도 독자 여러분이 삶 속에서 이와 같은 모순과 괴리들을 발견하는 즐거움을 누리셨다면 기쁠 것 같다. 콧소리가 사실 굴드가 표현하고자 한 세계의 결함이 아니라 완성이었던 것처럼, 마음의 병이 사랑의 도구가 된다.

미주

첫 번째 얼굴: 우울

01 에밀리 디킨슨, 〈고통은 공백의 요소를 갖고 있다〉(류주환, 『수수께끼』, 충남대학교출판부, 2003)

02 버지니아 울프, 『어느 작가의 일기』, 박희진 옮김, 2009, 이후, 656쪽

03 버지니아 울프, 『어느 작가의 일기』, 박희진 옮김, 2009, 이후, 259쪽

04 롤랑 바르트, 『애도 일기』, 김진영 옮김, 2018, 걷는나무, 18쪽

05 C. S. 루이스, 『헤아려 본 슬픔』, 강유나 옮김, 2004, 홍성사, 19쪽

06 앨릭스 코브, 『우울할 땐 뇌과학』, 정지인 옮김, 2018, 심심

07 앤드류 솔로몬, 『한낮의 우울』, 민승남 옮김, 2004, 민음사, 186쪽

08 존 카치오포, 윌리엄 패트릭, 『인간은 왜 외로움을 느끼는가』, 이원기 옮김, 2013, 민음사

두 번째 얼굴: 불안

01 데이비드 벨, 『편집증』, 나현영 옮김, 2006, 이제이북스, 43쪽

02 셀리아 픽스 코르비셰르, 『자폐적 변형』, 이재훈, 최윤숙 옮김,

2015, 한국심리치료연구소, 176쪽

03 Ronald D. Rang, *The Divided Self: An Existential Study in Sanity and Madness*, 1965, Penguin Books

04 도널드 위니캇, 『놀이와 현실』, 이재훈 옮김, 1997, 한국심리치료연구소, 181쪽

05 줄리아 크리스테바, 『반항의 의미와 무의미』, 유복렬 옮김, 1998, 푸른숲

06 마이클 아이건, 『깊이와의 접촉』, 이재훈 옮김, 2012, 한국심리치료연구소, 268쪽

07 지그문트 프로이트, 『창조적인 작가와 몽상』, 〈두려운 낯섦〉, 정장진 옮김, 1998, 열린책들, 142쪽

08 지그문트 프로이트, 『창조적인 작가와 몽상』, 〈두려운 낯섦〉, 정장진 옮김, 1998, 열린책들, 102쪽

09 지그문트 프로이트, 『창조적인 작가와 몽상』, 〈두려운 낯섦〉, 정장진 옮김, 1998, 열린책들, 144쪽

세 번째 얼굴: 분노

01 아우구스투스 스트린드베리, 『줄리 아씨』, 오세곤 옮김, 2015, 예니, 72쪽

02 마이클 아이건, 『심연의 화염』, 이재훈 옮김, 2013, 한국심리치료연구소, 110쪽

03 로버트 플러치크, 『정서심리학』, 박권생 옮김, 2004, 학지사, 496쪽

04 케이트 배로스, 『시기심』, 김숙진 옮김, 이제이북스, 2004

05 안나 프로이트, 『자아와 방어기제』, 김건종 옮김, 2015, 열린책들, 145쪽

06 앨리스 밀러,『천재가 될 수밖에 없는 아이들의 드라마』, 노선정 옮김, 2010, 푸른육아, 154쪽

07 도널드 위니캇,『박탈과 비행』, 이재훈 옮김, 2001, 한국심리치 료연구소, 359쪽

네 번째 얼굴: 중독

01 니콜라 에이벌 히르슈,『에로스』, 이영선 옮김, 2003, 이제이북 스, 52쪽에서 재인용

02 캐럴라인 냅,『드링킹』, 고정아 옮김, 2017, 나무처럼

03 맬컴 라우리,『화산 아래서』, 권수미 옮김, 2011, 문학과지성사, 423쪽

04 애덤 필립스,『멀쩡함과 광기에 대한 보고되지 않은 이야기』, 김 승욱 옮김, 2008, 알마

05 테드 창,『당신 인생의 이야기』, 김상훈 옮김, 엘리, 2016, 387~388쪽

다섯 번째 얼굴: 광기

01 지그문트 프로이트,『정신분석학 개요』,〈과학과 정신분석학〉, 박성수 옮김, 2004, 열린책들

02 미셸 푸코,『정신병과 심리학』, 박혜영 옮김, 2002, 문학동네, 95쪽

03 마이클 아이건,『정신증의 핵』, 이재훈 옮김, 2013, 한국심리치 료연구소

04 지그문트 프로이트,『끝낼 수 있는 분석과 끝낼 수 없는 분석』,

이덕하 옮김, 2004, 비

05 마이클 아이건, 『심연의 화염』, 이재훈 옮김, 2013, 한국심리치
    료연구소

06 빌라야누르 라마찬드란, 샌드라 블레이크스리, 『라마찬드란 박
    사의 두뇌 실험실』, 신상규 옮김, 바다, 2015, 250쪽

07 빌라야누르 라마찬드란, 샌드라 블레이크스리, 『라마찬드란 박
    사의 두뇌 실험실』, 신상규 옮김, 바다, 2015, 217쪽

여섯 번째 얼굴: 사랑

01 미셸 에켐 드 몽테뉴, 『수상록』, 손우성 옮김, 2007, 동서문화동판

02 조르조 아감벤, 『세속화 예찬』, 김상운 옮김, 2010, 난장

03 데이비드 브룩스, 『소셜 애니멀』, 이경식 옮김, 2011, 흐름출판,
    75쪽

04 파스칼 키냐르, 『은밀한 생』, 송의경 옮김, 2001, 문학과지성사,
    139쪽

05 에스더 페렐, 『왜 다른 사람과의 섹스를 꿈꾸는가』, 정지현 옮김,
    2011, 네모난정원, 185쪽

06 윌리엄 셰익스피어, 〈소네트〉 151

07 앤드류 솔로몬, 『한낮의 우울』, 민승남 옮김, 2004, 민음사

08 그레이엄 뮤직, 『감정』, 김숙진 옮김, 2005, 이제이북스

09 테오도르 아도르노, 『미니마 모랄리아』, 김유동 옮김, 2005, 길

10 윌리엄 셰익스피어, 『겨울 이야기』

11 롤랑 바르트, 『사랑의 단상』, 김희영 옮김, 2004, 동문선, 175쪽

맺음말

01 미셸 에켐 드 몽테뉴, 『수상록』, 손우성 옮김, 2007, 동서문화동판

02 수잔나 파르취, 『파울 클레』, 유치정 옮김, 2006, 마로니에북스, 81쪽

03 세르주 에페즈, 『실수 없이 제대로 사랑할 수 있을까?』, 배영란 옮김, 황소걸음, 2011

04 크리스토퍼 볼라스, 『대상의 그림자』, 이재훈, 이효숙 옮김, 2010, 한국심리치료 연구소, 184쪽

그림 및 사진 출처

찾아보기

찾아보기

마음의 여섯 얼굴

2022년 6월 6일 2판 1쇄 발행
2024년 6월 6일 2판 3쇄 발행

지은이   김건종
펴낸이   박래선
펴낸곳   에이도스출판사
출판신고   제2023-000068호
주소   서울시 은평구 수색로 200
팩스   0303-3444-4479
이메일   eidospub.co@gmail.com
페이스북   facebook.com/eidospublishing
인스타그램 instagram.com/eidos_book
블로그   https://eidospub.blog.me/
표지 디자인 퍼머넌트 잉크

ISBN 979-11-85415-49-9   03180